MODA

P A R A   P R I N C I P I A N T E S

Felisa Pinto • Delia Cancela

ERA NACIENTE
Documentales Ilustrados

Moda para Principiantes®

Director de la serie: Juan Carlos Kreimer
Diseño: Lorena Domínguez

Para Principiantes®
es una colección de libros de
Era Naciente SRL
Buenos Aires, Argentina
www.paraprincipiantes.com.ar

Pinto, Felisa

    Moda para principiantes.- 1a ed. 1a reimp.
    Buenos Aires : Era Naciente, 2005.
    160 p. ; 20 x 14 cm.- (Para principiantes. Documentales ilustrados,
    dirigida por Juan Carlos Augusto Kreimer)

    1. Moda I. Título
    CDD 646.4

"La moda vive como un derecho natural
del presente sobre el pasado."

Roland Barthes, *semiólogo (1915-1980)*

"La moda es todo lo que pasa de moda."

Salvador Dalí, *genio (1904-1989)*

"La moda muere joven.
Por eso es tan grave."
Jean Cocteau, poeta (1889-1963)

5

"La moda tiene una forma tan intolerable
que debe cambiarse cada seis meses."

Oscar Wilde, escritor (1854-1900)

"Moda es marketing."
Tom Ford, diseñador

Moda: uso, modo, costumbre que está en boga durante algún tiempo, en determinado país, con especialidad en trajes, telas y adornos.

Estar de moda: usarse o estilarse una prenda de vestir, tela, color, etc.

Diccionario de la Real Academia de la Lengua Española

Moda: gustos colectivos, maneras pasajeras de vivir y de sentir, que parecen de buen tono dentro de una sociedad determinada.

Estar de moda: conforme a los gustos del momento.

Diccionario Petit Robert, París

pre-texto

La moda es ese movimiento febril y apasionado de apariencias e innovaciones que se transmiten por la imagen y a través de la seducción. Actualmente, sus canales de difusión son propios de una sociedad mediatizada. Desde los medios gráficos hasta la versión virtual de Internet, pasando por su protagonismo casi excluyente en televisión. No ocurría lo mismo en el siglo XIX.

Moda para Principiantes se sitúa a comienzos del siglo XX en París, capital mundial de la moda durante cuatrocientos años. Ahí nacieron y se desarrollaron los movimientos más innovadores de la costura –los modistos franceses fueron, en su mayoría, protagonistas–.

Este libro-figurín no olvida el aporte de otros europeos en general, y tampoco de japoneses, árabes y latinoamericanos que desarrollaron su arte en París. Ni a modistos norteamericanos, que heredaron el cetro de famosas etiquetas francesas e inauguraron exitosas estrategias de comercialización en un mercado globalizado: sus propias reinterpretaciones de la modas europeas suelen alcanzar difusión masiva.

contenido

1. Adiós al corset

Paul Poiret
(1879-1944)

Fue uno de los más revolucionarios e imaginativos creadores de modas de comienzos del siglo XX. Con su destreza y su deseo de cambio radical, transformó totalmente la silueta femenina. Hasta 1900, era ceñida hasta la exageración.

Despidió al corset, propuso una franca liberación del cuerpo femenino y, a partir de esa estética, el correlato de nuevos aires de libertad en estilo de vida y costumbres indumentarias. La ropa ajustada y rígida fue reemplazada por formas fluidas que sugerían e insinuaban un cuerpo de mujer.

La transformación Poiret, 1908

Su estilo se veía en cortes simples e inspirados en el estilo Imperio: escotes profundos y talle alto, túnicas plegadas, sobre faldas largas que dejaban asomar el tobillo hasta entonces oculto. También, sobre amplios pantalones y babuchas de inspiración oriental, con sacos tipo kimono, confeccionados a veces con géneros transparentes y fluidos. Sus bordados exóticos fueron tomados de imágenes bizantinas, chinas o rusas.

Hasta Poiret, los denominados tonos pastel (gris claro, rosado, malva, lila o celeste) eran los preferidos por su discreción. Los tonos brillantes, como amarillo, marrón subido, rojos en diversas intensidades y verde fuerte, irrumpieron en el guardarropa.

En su afán de iluminar la moda, Poiret fue más allá. Su ropa estaba bordada sobre lanillas excéntricas de cachemira, con hilos de oro y plata y también las suntuosas capas de piel con cintas y accesorios de pasamanería que seguían la línea típica de Poiret: volumen, grandes mangas y amplitud de kimono lograda con géneros de caída blanda y pesada que llegaban hasta las caderas. A partir de allí, la línea era angosta, hasta terminar en faldas tubulares que se detenían antes del tobillo.

"Liberé el busto, pero encadené las piernas. Las mujeres se quejaron de no poder caminar ni subir a un coche. Pero ¿es que sus quejas han detenido alguna vez el movimiento de la moda? O ¿no han sido ellas mismas las que han contribuido a su difusión?"

Poiret, "Lavallière", 1911. Vestido de noche hecho en una sola pieza de satén blanco, forrada de satén violeta

Fortuny y Doucet

Paralelos a Paul Poiret, descollaron
otros creadores. El artista catalán
Mariano Fortuny (1871-1949)
definió su estilo en su casa de
Venecia, donde fundó su atelier de
tendencia artística y artesanal.
Estampaba pesados terciopelos y
brocatos inspirados en el
Renacimiento italiano. Fortuny
comenzó a diseñar este modelo
alrededor de 1907, inspirado en el
chiton de la Grecia clásica (muy de
moda en esa época). Patentó el
proceso del plisado –que es todo el
secreto de la prenda– en 1909, y
continuó creando el modelo hasta
su muerte, en 1949.

"Delphos", c. 1920. Construido con cinco
metros de seda plisada, cosida en forma
tubular y atada al hombro por una cuerda de
seda que sirve para marcar la abertura del
escote y sostener el vestido. Pequeñas perlitas
marcan las líneas principales de la prenda

13

Callot y Jenny, 1915

Antes de la guerra de 1914, la clase alta francesa, deslumbrada por las innovaciones de Poiret y Fortuny, también se vestía con otros modistos, como **Doucet** y **Callot**.

Su tendencia consistía en líneas simples, aunque novedosas. Los vestidos tenían soltura, gracias a sus pliegues calculados a partir del talle alto, y la falda solía terminar en una *traine* (cola).

Los conjuntos de dos piezas llevaban faldas hasta el tobillo, de corte recto y sacos largos, inspirados en las chaquetas masculinas. Debajo lucían blusas con *jabot* de encajes, para feminizar el conjunto que se usaba en las salidas diurnas, como lo indicó, a partir de entonces, *la costumbre de lucir un modelo para cada ocasión y hora.*

Vestido de noche de Doucet

14

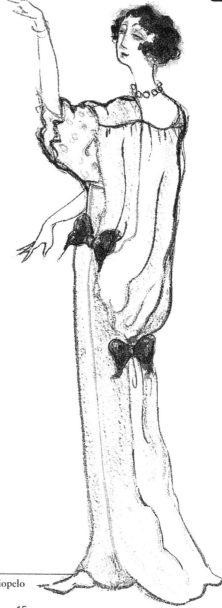

El vestido para recibir a la hora del té –que los ingleses llamaron *tea gown*– fue importantísimo y clave en el guardarropa de cualquier mujer que se considerara elegante. Tan necesario como la *robe d´interieur* (vestido de interior o para adentro), que resumía la moda para estar en la casa, gran novedad como estilo y costumbre. Esa vestimenta era cómoda y amplia y, sin llegar al lujo, lo suficientemente cuidada, como lo exigía la vida de invitaciones informales.

Otra pieza del nuevo ropero fue el *negligé*, que se usó en la más absoluta intimidad del trajín diario. Las líneas de *lingerie* resultaron tan seductoras que algunos modistos convirtieron las formas de la lencería en propuestas para la ropa exterior y de noche. Algo similar volvió a ocurrir en los últimos años del siglo XX, con las enaguas, por ejemplo...

Lingerie, c. 1914. Satén, encaje y terciopelo

Los vestidos de *soirée* –recién aceptados a partir de 1913– estaban reservados para las fiestas y las funciones de ópera. Tenían escotes muy profundos y se acompañaban con capas de piel con incrustaciones de encajes, o abrigos de terciopelo pesado con estampados y bordados deslumbrantes.

Sobre la cabeza se usaron sombreros con bordes de plumas –preferentemente blancas–, vinchas, o casquetes con *aigrettes*. También turbantes, como los preferidos de Poiret, inspirados en **Bakst,** autor del inolvidable vestuario de los *Ballets Russes* que hicieron furor en París en 1909 e influenciaron no sólo a Poiret, sino a todos los costureros de antes de la Guerra.

Plumas, pieles, flecos: el estilo de Poiret inspirado en los *Ballets Russes,* 1911

16

"Todo lo que era suave y sonrosado y suprimía toda vitalidad, en el siglo XIX fue insípido y desteñido. Yo lancé el rojo, los verdes, los violetas o el azul furioso, que hicieron que todos los tonos de la ropa fueran alegres y subieran el ánimo con nueva frescura."

Poiret probando
un modelo, 1920

17

2. El estilo Chanel

Desde hace más de tres cuartos de siglo es imposible hablar de elegancia sin citar a Chanel. Pureza de líneas, elección de los géneros y una extraordianria simplicidad son lo que mejor se adapta para definir su estilo. La silueta de la mujer moderna nació en 1914 y fue **Coco Chanel** quien más colaboró para crearla. Como a Poiret, a Chanel le molestaban los corsets, las ballenas y todos los artificios que quitaban movimiento y naturalidad al cuerpo femenino.

A partir de los años veinte entró en la leyenda y se convirtió para siempre en Mademoiselle, personaje a la vez secreto y espectacular. A los veintisiete, ya todos la llaman **Coco**.

"Las ropas de cada época están en completo acuerdo con su tiempo y el diseñador con éxito es una especie de 'medium' poseído por un espíritu, el espíritu del tiempo."
JAMES LAVER

Chanel en su juventud

En Coco Chanel, todo siempre fue racional y adaptado a la nueva época que debían vivir las mujeres. En 1920 impuso el pelo corto y los pantalones, siguiendo el espíritu de las mujeres que participaban en la Guerra. En 1921 creó el perfume que más se vendería en el mundo (Chanel N° 5).

En 1922 se atrevió a ponerse al sol, dando origen a la moda del bronceado. En 1924 lanzó el clásico vestido negro (la *petite robe noire*), simple y austero, perfecto para todo momento, sinónimo de elegancia suprema. Para liberar las manos, en 1930 lanzó la cartera en bandolera, simultáneamente con el *twin-set*.

"La coquetería es la conquista del espíritu sobre los sentidos."
CHANEL

Chanel, 1918. Después de la Guerra de 1914, las siluetas se estilizan y las polleras se cortan. Jersey bordado de piel

19

Chanel
en su juventud

Algunas de sus ideas revolucionarias

- el uso del jersey para confeccionar trajes marineros y *chemisiers*

- el cárdigan y los conjuntos tejidos, el talle bajo, la *bijouterie* de fantasía, la falda corta

- el impermeable de línea masculina

- el blazer de botones dorados

- las camelias blancas en solapas y sombreros

- los cinturones trenzados de cuero y cadenas doradas

- los géneros de *tweed*

- el *beige* y las perlas barrocas en profusión para cualquier momento del día, especialmente sobre suéteres y tejidos

20

Su gusto por la perfección y el detalle justo la llevó a diseñar, al mismo tiempo, **ropa y accesorios**, fenómeno desconocido hasta entonces y que dio origen al "total look", expresión creada por los norteamericanos de los años treinta para definir el universo Chanel.

Intelectuales, artistas (Jean Cocteau, Picasso, Dalí, Stravinsky, Serge Lifar...), políticos y aristócratas (los duques de Windsor, Churchill) y muchos más se reunían en su lujoso *petit hotel* del 31 de la rue Cambon, en París.

Chanel. *Crèpe* negro con mangas movibles y cintas, moños en la cabeza

Esa sucesión de resonantes éxitos se interrumpió en 1945, con la Segunda Guerra Mundial. Hasta 1954, la **Maison Chanel** mantuvo sus puertas cerradas. Cuando reanudó su actividad, ella tenía setenta y un años. Pero durante ese largo eclipse, su sensibilidad, buen gusto y espíritu de vanguardia habían permanecido intactos.

En 1956 presentó su famoso *tailleur*, sin solapas, en *tweed* ribeteado, forrado de seda. Con cadena dorada cosida en la base de la chaqueta, se convirtió para siempre en un clásico indiscutido de la moda femenina de ese siglo. Un año después, en 1957, lanzó una nueva versión de su clásica cartera en bandolera, y su célebre sandalia *beige* con puntera negra –trabajando el cuero *matelassé*–.

"*La costura no es un oficio, es un arte.*"

Chanel mirando su desfile desde la famosa escalera de la rue Cambon. París, c. 1957

Murió el 10 de enero de 1971, en su suite del hotel Ritz. Su última colección, presentada pocos días después, fue calificada como una de las más deslumbrantes de la moda contemporánea.

En 1983, **Karl Lagerfeld** se hizo cargo de la alta costura de Casa Chanel. Nacido en 1938, culto, mundano y trabajador infatigable, Lagerfeld es hoy tan conocido por su pelo atado en coleta, como por su colección de abanicos o sus suntuosos castillos. Pero más por su talento mundialmente reconocido como modisto, y últimamente también por sus fotografías. Está probada su capacidad para anticiparse a la evolución del gusto y las preferencias de las mujeres en la moda. Su amor por el refinamiento y el lujo lo consagró como el perfecto sucesor de Mademoiselle.

El estilo Chanel recreado por Lagerfeld, 1983

" *Coraje para ser y hacer lo mejor, en la simplicidad."*

No obstante, para Lagerfeld, el respeto por la tradición no significó fe ciega ni dirigida. Por el contrario, en los últimos años es innegable su toque personal en el estilo Chanel. A veces demasiado exagerado y distante de la famosa discreción pregonada por ella.

Sin embargo, Lagerfeld sigue acaparando una clientela de famosos y exigentes, entre los cuales se encuentran las mujeres más poderosas y notables de este siglo.

Hoy, la casa Chanel se ha convertido en un poderoso grupo industrial cuyas actividades comprenden *prêt-à-porter,* perfumes, cosméticos, bijouterie, marroquinería, relojes...

El estilo Chanel en los años cuarenta: suéter negro,
turbante y ristras de perlas blancas, acompañadas
de pantalones de *toile* y espadrillas.

3. Los locos años '20

Madeleine Vionnet inventa el biés

En 1918, hacia fines de la Primera Guerra Mundial, empezó a perfilarse una nueva mujer. Era emancipada, trabajaba fuera de su casa y llevaba una vida más independiente de su matrimonio, ya que los hombres estaban en el frente.

Usaba las faldas y la cabellera más corta, rasgo que después, en los años veinte, definió el estilo de los *"roaring twenties"*. Esta denominación abarcó la vida loca y sin prejuicios que los hispanos llamamos "años locos". La protagonista femenina se peinaba a lo varón (*à la garçonne*). A las más atrevidas se las llamaba "flappers": querían lucir jóvenes, atractivas y desprejuiciadas.

Inauguraron el *look* "muchachito", sin imaginar que ese será muchos años después el aspecto preferido, casi permanente y con pocos intervalos, de diversos modistos que nunca se apartarán totalmente de ese estilo.

Con la llegada de la Primera Guerra Mundial, el pelo fue cortado muy corto, a la "garçon"

26

1920

A partir de 1919, con el nacimiento de las mujeres modernas, también se percibió que la ropa se ajustaba a un nuevo modo de vida. Ellas practicaban deportes y atletismo, bailaban ritmos de jazz, fumaban en público y, entre otras libertades, manejaban automóviles.

En ese momento inauguraron el **Período de Entre-Dos-Guerras**, que marcó el siglo XX, no sólo en la moda.
Las vanguardias en el arte, la música o la arquitectura y el diseño, que nacieron en el Bauhaus, Alemania, influenciaron también las formas del vestir: a partir de entonces fueron decididamente urbanas y más adecuadas a una vida activa y desprejuiciada.

La nueva silueta

Las faldas eran cada vez más cortas,
pero siempre ocultaban las rodillas.
Los vestidos tenían líneas rectas, que
no marcaban el talle ni el pecho:
apenas las caderas. Todos los cortes
apuntaban a disimular las formas
femeninas y acentuar el aspecto
andrógino que tantas veces dominó la
costura del siglo XX. Igualmente,
la obsesión por parecer joven se vio
no sólo en las líneas del nuevo
vestuario, sino en la eliminación
de toda referencia a las curvas.
Se consagraron las túnicas derechas
y fluidas, conjugadas junto a las
célebres melenitas con nuca despejada.

El traje sastre,
estilo masculino,
1924

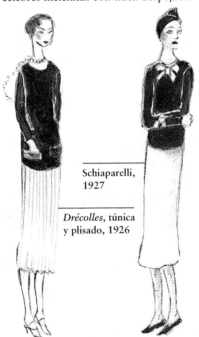

Schiaparelli,
1927

Drécolles, túnica
y plisado, 1926

Aparecieron los trajes sastre para que usara la mujer que trabajaba en la ciudad. Los vestidos de una pieza, por su parte –en realidad, túnicas cortas o largas– se reservaban para la noche. Los géneros funcionales y prácticos guiaban el movimiento del cuerpo, lanzados por Chanel –como el *jersey*– e hicieron furor. Para la noche: los géneros como el lamé dorado, el satín, los bordados con perlas, el raso con bordes de piel, además de los tapados de armiño, marta cibelina o chinchilla.

Los zapatos de raso con hebillas llamativas y taco carretel eran menos acentuados que a principio de siglo. Marcaban la diferencia entre el vestuario diurno y el nocturno. Todo estaba calculado para descubrir mucho más el cuerpo femenino, al tiempo que lucir nuevas líneas modernas. En la mano, suntuosas boquillas para fumar se destacaban por su diseño logrado con oro, marfil o carey.

Vionnet 1926: vestido corte al biés estilo punta de pañuelos

Sobre la cabeza se llevaban vinchas con piedras y bordados, a veces con una pluma (*aigrette*) en el medio.

El abanico –muy sofisticado y hecho de plumas de avestruz o de seda pintado por artistas de vanguardia– era otro accesorio que definía la época. Simultáneo *"à la garçonne"*, el pelo continuó con el estilo paje, inmortalizado por la actriz Louise Brooks como el colmo de lo excéntrico y elegante.

El maquillaje enfatizaba los ojos, pintados de negro, y los labios muy rojos, delineados en forma de corazón para hacerlos pequeños.

1920

El tango en París
al final de la Primera Guerra

La famosa tenista Suzanne Lengleu
innovó el estilo tenis, jugando vestida
por Patou, 1926

La etiqueta que impulsó el *estilo sport* fue la de **Jean Patou**, en géneros ricos como el *crepe* e inspirado en el vestido-*sweater* del golf y el tenis. Incluyó guardas geométricas en los puños y el talle bajo para contrastar las sencillez del modelo. **Jeanne Lanvin** era la elegida para la noche por la pureza de sus líneas y el gusto por los materiales fluidos y transparentes, como la gasa y sus diversas alianzas.

32

Vionnet, invierno 1935-36.
"Crepe marrocain" color marfil

Madeleine Vionnet

Sin dudas fue **Madeleine Vionnet** quien descolló al contrastar la frivolidad con su rigurosa costura. Tan atípica como Poiret y Chanel, dejó atrás las odaliscas del primero y en cierta medida la mujer libre y práctica de Chanel. Vionnet encarnó el costado austero y ascético del oficio de la moda. El rigor por la alta costura fue su apostolado. La buena construcción de un vestido resultaba de su búsqueda constante de la adecuación del cuerpo tridimensional con el género, que debía ser elegido por su buena caída y el peso justo para cada modelo.

Vionnet pasó a la historia de la moda del siglo XX por su creación del *corte al biés*. A través de esa estrategia, logró la elasticidad primordial para sugerir el cuerpo femenino en total libertad mediante la fluidez de una amplitud calculada hasta el último centímetro.

33

"Mi fórmula personal es lograr que el vestido sea bello solamente porque está bien cortado."

A la excelencia del corte se sumó la introducción de materiales como el *crepe* en sus diversas calidades: *romain*, *marrocain*, y *georgette*, muchas veces usados en doble faz, para lucir el contraste mate y brillante, y estrategias sabiamente calculadas, según fuera el modelo drapeado, plegado, fruncido o anudado.

Madeleine Vionnet también subrayaba e insistía en el ornamento del bordado, hecho a mano en el taller de Albert Lesage, lo máximo que se podía lograr en ese oficio. Lesage, a su vez, inventaba y aplicaba técnicas adecuadas a la ropa de Vionnet que pasarían a la historia. La más celebrada de ellas fue *"vermicelli droit fil"*, una suerte de tallarín retorcido de forma tal que no contrariaba el corte al biés descubierto por la modista.

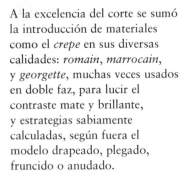

Madame Vionnet creando un modelo sobre un maniquí miniatura, como habitualmente hacía

Entre los vestidos de Vionnet fue célebre la túnica inspirada en formas e imágenes tomadas de los dibujos de las primitivas vasijas griegas, donde se veían caballos en primer plano pintados en tonos de rojo, ocres y negro. El modelo Vionnet firmado en 1921 era un clásico. En 1931, tomó de los frisos y bajo relieves griegos (que hasta hoy pueden observarse en el Museo del Louvre) el movimiento para faldas amplias, que cortaba al biés y a las que aplicaba paños flotantes que conferían liviandad y riqueza plástica a un vestido de noche. Estaba confeccionado con *crepe* de seda natural blanca, y sus formas fluidas y sensuales fueron también la imagen de marca de Vionnet.

"Con el corte al biés probé que un género que caía sobre el cuerpo sin ninguna coraza era un espectáculo armonioso por excelencia."

Mannequins Siegel (maniquíes de vitrina), presentados en el Salón de Otoño de París, vestido por Vionnet en 1924

35

Madame Alix Grès

La silueta esculpida, como los frisos griegos, inspiró de igual manera a **Mme. Grès,** quien a través de géneros dúctiles y mediante la técnica del drapeado será otro pilar de la alta costura francesa. Madame Grès fue una creadora *"de culto"*. Secreta y silenciosa, aplicó el drapeado a sus creaciones y cultivó el bajo perfil de esa especie de apostolado que practicaba también Vionnet en tiempos en que la costura era un arte aplicado y los creadores se consideraban arquitectos o profesionales formados en el arte.

4. Arte y moda:
Sonia Delaunay y Elsa Schiaparelli

Desde comienzos y a través de todo el siglo XX, la alianza del arte y la moda sólo se produjo en determinadas épocas. La más notoria sucedió en los años veinte, durante la primera posguerra, llena de entusiasmo en todas las áreas de la creación. En el inicio del siglo, artistas como Gustav Klimt y su mujer (Emilie Flöge) y otros miembros del Wiener Werkstate crearon sus propios modelos. Y en la Revolución rusa, artistas como Alexander Rodchenko crearon telas y modelos inspirados en el espíritu libre y práctico de la época. Antes, a fines del siglo XIX, el modisto Charles Worth y Paul Poiret, a principios del XX, encargaron al pintor Raoul Dufy pinturas y diseños textiles que inspiraron sus estilos novedosos. Después, en plenos años veinte, Sonia Delaunay aplicó su técnica vanguardista de pintura a sus diseños de ropa. Casi en los mismos años, el movimiento modernista alemán de la escuela Bauhaus concebía una estética racionalista, acorde con su arquitectura de avanzada, para formas despojadas, según el

Coeur á Gaz de Tristan Tzára. Vestuario Sonia Delaunay

mismo concepto, aplicadas al vestir.

Por su parte, los artistas surrealistas, como Dalí, colaboraron estrechamente con las alhajas y la ropa de Elsa Schiaparelli en los años treinta y cuarenta.

Dentro del clima estimulante de los años veinte, Sonia y Robert Delaunay, pintores de vanguardia, definían el sincronismo como expresión artística. Este lenguaje consistía en composiciones geométricas pintadas con colores vibrantes, que lograban rítmicas acordes a la época, dominada por la síncopa del jazz. Estas señales eran las que Sonia incorporaría a sus diseños, anticipándose al arte-moda que a lo largo de las décadas reflejó muchas veces el siglo XX.

En 1921, Sonia Delaunay se consagraba al diseño de telas, a la vez que abría una *boutique* de ropa y un taller, donde trabajó con su propia estética. Formas simultáneas que sugerían movimiento, comparables a la "dinámica concepción del Universo", como dijo alguna vez su creadora. Y también prefiguró la moda del *prêt-à-porter*, que dominó al siglo. Decía Sonia: *"La ropa, con las bases estéticas bien resueltas, y que resalten la sensualidad, el atractivo visual y sus asociaciones libres, deberán ser estudiadas y puestas a punto, de manera que los industriales puedan fabricarlas y venderlas a precios moderados, gracias a las técnicas de producción. Así, la moda se democratizará y contribuirá a elevar el nivel general de la ropa masiva".*

Fueron famosos sus abrigos con
guardas geométricas, de pesada lana
tejida en telar, que llevaban, algunas
veces, bordados con su temática,
hechos a mano, como el que lució e
impuso una excéntrica Nancy
Cunard, en 1925.
Fue ella el prototipo de mujer
emancipada, con fuerte
personalidad, y la más notoria
fanática de las vanguardias a la
hora de vestir o inaugurar un estilo.

Famoso retrato de Nancy Cunard, de Man
Ray, París, 1926, que resume el estilo de
los años veinte: pelos *"a la garçon"*, ojos
de *Kohol*, cara blanca, labios rojos y los
brazos encerrados en pulseras africanas,
influencia del arte negro

Sonia Delaunay

"La moda es una tribuna
extraordinaria para acercar al
público ciertas ideas y verdades
primordiales."

"La búsqueda de nuevos materiales
y la simplificación de la
concepción estética serán lo
importante."

"El futuro de la moda es claro
para mí. Habrá centros de
creación y laboratorios de
investigación que se ocuparán de
la confección de la ropa, que
deberá ser práctica y siempre en
evolución, paralela a la vida
misma."

40

Schiaparelli,
"glass cape"

Elsa, una extravagante

Elsa Schiaparelli (1890-1973) incorporó, por su parte, formas del *art déco,* de la arquitectura y del cubismo, durante los años treinta y cuarenta.

Sin embargo, eligió como lenguaje el surrealismo, que fue la huella más clara y visible en toda su creación de moda.

Su amistad con los artistas de vanguardia, entre los que se destacaban Salvador Dalí, se tradujo en colaboraciones con ellos, que imprimieron a su ropa la riqueza de sus insólitas imágenes y su sello inimitable.

Mientras Dalí, Jean Cocteau o Christian Bérard dibujaban telas especiales para ella, Elsa se animaba a usar materiales inusuales en la costura, como el rayón y el papel celofán, en creaciones de efectos inéditos y deslumbrantes.

Al mismo tiempo que Vionnet, Grès y Sonia Delaunay, Schiaparelli reformuló nuevamente la silueta femenina. Marcó la cintura casi con exageración, devolviéndola a su lugar, dio volumen a los hombros, con hombreras y ornamentos, detuvo el dobladillo a la mitad de la pantorrilla y rebajó el contorno de las caderas en faldas tubulares, de caída estilizada.

Elsa recuperó el glamour de manera diferente al *look* andrógino y despreocupado de los años veinte. Fue audaz y, a través de su moda, difundió la imagen de una mujer llamativa y sexy, con grandes dosis de transgresión.

Por eso, su etiqueta fue consagrada con gran éxito, tanto en los Estados Unidos como en Europa. Y fue, sin duda, la favorita de las divas del cine de Hollywood, hambrientas de novedad y de extravagancia. Schiaparelli creó lo clásico unido a la transgresión, y por lo tanto todavía representa lo máximo de la *Haute-Couture* parisina. Ella ocupó el mismo lugar que Chanel, moviéndose en los mismos círculos.

Dentro de los modelos más memorables para las elegantes que

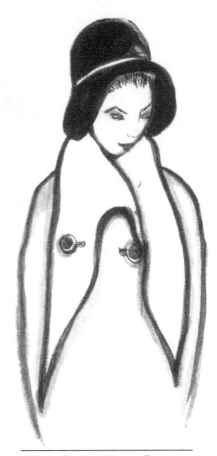

Schiaparelli, 1949. Gran cuello

buscaron lo diferente, se encontraban los sombreros en forma de zapatos invertidos, o de cono (cucurucho), que Schiaparelli lanzó en exitosas colecciones en 1937.

Igualmente espectaculares fueron los motivos con que hizo bordar pulóveres para ser usados de noche o de día, sobre una falda tubular, hasta el tobillo.

Los diseños estaban inspirados, muchas veces, en temáticas de tatuajes marineros, donde se apreciaban serpientes, anclas, esqueletos o corazones atravesados por flechas.

Sobre los trajes de baño, pieza que se volvió fundamental en el guardarropa de verano de la época, se divisaban langostas de mar y otros motivos exóticos, siempre exuberantes.

La langosta, por su riqueza gráfica, fue tomada por Dalí para diseñar una cartera, réplica del teléfono con tubo en forma de langosta, en terciopelo anaranjado. Por otra parte, una boca roja fue reproducida por Dalí, en gran escala, para realizar un sofá que se ubicó en los salones de Schiaparelli en París.

En 1936 (antes de la Guerra) creó la colección y el vestido paracaídas, y durante la Guerra, realizó vestidos que con un sistema de enganche se alargaban para la noche.

Vestido "paracaídas", 1936

Las tonalidades muy brillantes y provocativas, entre las que sobresalió la llamada *shocking*, definieron las colecciones de Elsa. Era un color rosado muy subido, cercano al magenta, con mucho más de rojo. *Shocking* se llamó, precisamente, su perfume más célebre, cuyo frasco fue confiado, en 1945, a la artista Leonor Fini, afín a la estética surrealista. La fuerte fragancia tuvo un éxito rotundo, quizá por el desenfado de la botella, que reproducía las formas exuberantes de la actriz y cantante Mae West, *sex symbol*

del momento, y probablemente un anticipo de las leyes del *packaging*, hoy ineludibles.

Otra imagen de marca de la modista fue la inclusión de botones de metales preciosos que ella definió como pequeñas esculturas, que jerarquizaban y feminizaban las chaquetas.

Las innovaciones de Schiaparelli fueron muchas. Las colecciones se llamaron "Instrumentos musicales"; "Mariposas"; "La colección pagana", en la cual los modelos parecían pinturas renacentistas; "Colección astrológica", con horóscopos, estrellas, soles y lunas bordadas sobre chaquetas y vestidos. La más conocida, "El circo", fue inspirada por Barnum, en cuyos elegantes salones presentó los espectaculares desfiles, como ahora estamos acostumbrados a ver en Mugler, Mac Queen o Galliano.

Entre 1930 y 1940, Schiaparelli transformó la idea de la moda en humor, glamour e imaginación.

Chaqueta bordada sobre un diseño de Jean Cocteau. Firmada en la parte inferior

Diversas inspiraciones que siempre tentaron a la creadora, tan inéditas e insólitas en esos años en que todavía ni se pensaba en el *pop art,* fueron las que surgieron de artes populares, como el circo.

Dibujos de elefantes, payasos, trapecistas, se descubrían en la ropa, a manera de ornamento, dibujado o aplicado.

Igualmente famosos fueron sus diseños de carácter surrealista: una cartera en forma de pelota, o los guantes con terminación de uñas largas y pintadas de dorado, destinados a producir un efecto llamativo, para romper la sobriedad de un tapado de cóctel.

Todas esas extravagancias, junto a sus inimitables chaquetas cortas, muy entalladas, con hombreras y profusamente bordadas por Lesage, en colores llamativos, fueron las señales más certeras de una pionera genial que introdujo en la costura algo más que leyes del propio oficio.

Schiaparelli,
"El Circo"

45

Elsa Schiaparelli

"En 1939, justo antes de que estallara la Segunda Guerra Mundial, el pánico me empujó a hacer cosas que fueran accesibles y especiales para tiempos urgentes. Tenían formas y usos transformables, de manera que pudieran usarse en emergencias, sin problemas."

"Trabajar con artistas como Bérard, Jean Cocteau, Dalí o Van Dongen, me despertó una exaltación sin límites. Ellos me cambiaron la idea de que un vestido debe ser algo que solamente se vende."

5. Elegantes años '30 y '40:
tiempos de guerra y posguerra

El estilo andrógino de los años veinte fue virando hacia siluetas más femeninas. El dobladillo volvió a ubicarse en la mitad de la pantorrilla, lo que años después se llamaría midifalda. Las líneas de los hombros se suavizaron y el talle recuperó la cintura. La ropa se apoyó en el cuerpo para sugerirlo, calculando cada centímetro que lograra estilizar la línea. El talle alto y la falda larga consiguieron el efecto de piernas largas y afinadas. Lo mismo que las dimensiones angostas de las mismas, y las blusas pegadas al cuerpo, con mangas que dibujaban las curvas del brazo.

El *tailleur* fue la pieza clave de la ropa diurna en todas las clases sociales. El pelo creció hasta enmarcar la cara con ondas *marcel* o permanentes suaves, que a veces asomaban debajo de los sombreros *cloche*, y ayudaban a resaltar el maquillaje, más moderado y natural que el de los años veinte.

Capa con hombreras bordadas

47

Vionnet, el talle alto

Por la noche surgían los escotes
seductores, logrados a la perfección
con géneros como el *crêpe
georgette,* con caída y peso
calculados para lograr un efecto
impecable.

Maggy Rouff, Molyneux, Jean
Patou y Jeanne Lanvin firmaron las
etiquetas de los preferidos.

Augustabernard, los drapeados

Balenciaga

En esos años, Cristóbal Balenciaga
(1895-1972), un español afincado
en París, abrió su *boutique* y marcó
un momento importante. Impuso,
con su rigor y su austeridad, un
estilo más que una moda.

Un estilo seco, de corte preciso y
despojado, basado en el color
negro, en forma casi excluyente.
"Un negro absoluto, un negro
español, al lado del cual todos los
negros son grises", afirmaba
apasionado Balenciaga. Sobre paños
gruesos y nobles, de lana, se vieron
por primera vez las mangas y las
sisas cortadas en cuadrado que
lograban la caída especial de los
hombros.

Artista sin concesiones, pasó la
Segunda Guerra Mundial en París, y
en 1950 reapareció como figura
central, oponiéndose a Dior y el
"new look".

Balenciaga, vestido negro y gran
sombrero, 1943

49

Tiempos de guerra: 1939 a 1945

Una vez más, como a principios del siglo XX, la guerra modificaba la moda. El racionamiento de todo, incluso de las telas para vestidos y ropa en general, llevó a redactar códigos especiales para la fabricación de la vestimenta. Los bordados y las pieles quedaron casi prohibidos. Los trajes sastre tenían un aire militar con hombreras altas que le daban un toque masculino.

Las casas de alta costura, francesas en su mayoría, cerraron sus puertas. Elsa Schiaparelli diseñó una última colección especial para tiempos de guerra. Consistía en pantalones y chalecos con infinidad de bolsillos y mecanismos transformables en casos de urgencia, que permitían llevar encima lo necesario cuando se debían abandonar las casas.

La improvisación y la imaginación surgieron entonces, con astucias hoy legendarias, como las de las mujeres que al no tener medias de seda disponibles, dibujaron con lápices para cejas la costura de sus medias.

Aparecieron, además, sombreros exagerados y graciosos, para aventar la negrura de la guerra.

Nidos de pájaros, hechos con materiales alternativos, eran los más comunes. Pero también resucitaron los turbantes que Poiret había hecho célebres, y que esta vez les permitía a las mujeres esconder cabelleras dañadas y faltas de *coiffeur*.

Salvatore Ferragamo

Las famosas sandalias de plataforma creadas por Ferragamo en 1938, llamadas "el zapato de los sueños", eran de cuero dorado con degradé de gamuzas rojas, verdes, naranjas y grises.

51

La moda americana

Sin embargo, la moda de posguerra
más interesante fue producida en
Nueva York. La ropa creada por
Charles James y Claire Mc Cardell
merece citarse para destacar la
originalidad y la elegancia
independiente de sus etiquetas.

Charles James, modisto itinerante
entre los Estados Unidos y Europa,
define en su ropa un concepto
escultural de la moda. Cada uno de
sus vestidos, en 1944, anticipó la
silueta de posguerra, que luego
concretaría Dior, en su "new look".
Hoy, su más recordado hallazgo
son las chaquetas cortas acolchadas
hechas en satén.

Charles James, 1936

Por su parte, Claire Mc Cardell diseñó, en 1945, lo que ella llamó el "vestido del futuro", confeccionado en *shantung* marrón, de carácter informal. Consistía en dos triángulos enormes que se ataban en el cuello, adelante y atrás.

Shantung marrón, 1945.
El famoso modelo *"future dress"*

6. Dior y el "new look"

Después de 1945 la moda se reestructuró y, una vez terminada la guerra, entró definitivamente en la esfera de las grandes finanzas. Abandonó su carácter artesanal de lujo y su elitismo, con más vocación y arte que grandes inversiones, como sucedió en aquellos tiempos de entreguerras cuando Jeanne Lanvin abrió su casa de modas con un crédito de trescientos francos antiguos. En 1946, en cambio, la fábrica de telas Marcel Boussac invirtió sumas siderales para apoyar a Christian Dior (1905-1957).

El modisto inauguró su célebre *boutique* de la Avenue Montaigne con una decoración Luis XVI y los sillones-símbolo de la firma en medallón gris y blanco. Un marco lujoso y nuevo, desde donde lanzó, en 1947, el famoso "new look", como lo bautizara la influyente periodista Carmel Snow en la revista *Harper's Bazaar*. La nueva silueta tenía talle avispa, busto alto y redondeado, hombros angostos y un dobladillo que descubría las piernas, a treinta centímetros del suelo.

El peinado, con frente lisa y despojada, sostenía el pelo con un *chignon* bajo y completaba el "new look". Lo mismo que los zapatos

escarpín, de tacos altos y finos, más
una aureola de los perfumes
consagrados por la etiqueta: Miss
Dior (1947) y Diorissimo (1948),
que olía a *muguet,* y su caja
evocaba el rosa Dior, tonalidad más
apastelada que el *shocking* lanzado
por Schiaparelli.

Los modelos eran estrechos en las
espaldas y el busto, y las faldas se
ampliaban con exageración para la
tarde y la noche. Se utilizaban hasta
treinta metros de género para las
faldas plisadas (*plissé soleil*) o
plegadas con precisión.

El éxito mundial de Dior fue
arrasador. Eran años de gran
dinero en los Estados Unidos
y en Europa. Algunos
franceses reaccionaron
con reservas ante el
despilfarro de tanta
tela en un mismo
modelo.

1950

Hubo protestas en contra del "new look" y propusieron prohibirlo, mientras las clases populares, que no podían permitirse tanto lujo y metraje, llegaron a ser tan víctimas de la moda que recurrieron a las cortinas antes utilizadas para los oscurecimientos (*blackout*) para poder confeccionar una falda "new look".

Dior, 1955

Balenciaga, Givenchy y Fath

Christian Dior, Fath, Balenciaga y
Givenchy fueron los costureros que
inauguraron la era del creador
masculino, desplazando, de algún
modo, el matriarcado instituido por
Vionnet, Madame Grès, Chanel,
Schiaparelli y Jeanne Lanvin en
años anteriores.

Estos nuevos modistos privilegiaron
el mercado del consumo masivo,
paralelo a la clientela privada de
alta costura. Desarrollaron, en su
mayoría, el sistema de ventas bajo
licencia.

París era, nuevamente, la capital
mundial de la moda, pero su modo
de influenciarla tenía otros códigos.

1950

Balenciaga: tapado de lana rojo
en medio de sus colecciones
negras, llevado con el famoso
tocado "infanta española"

Balenciaga en su estudio

Al contrario de Dior, el estilo de Balenciaga se descubría en la severidad del corte y en los nuevos volúmenes que desplazaban la importancia del cuerpo de adelante hacia atrás.

Líneas que disminuían la dimensión del pecho para ablusar y cargar la espalda. Escamoteando el cuerpo, Balenciaga lanzó la *robe-sac* en 1957.

Jacques Fath, antes de dedicarse a la moda, había sido escritor y también ilustrador. Fue uno de los primeros en coquetear con la producción *prêt-à-porter* de gran nivel, comercializada en los Estados Unidos y firmada por modistos franceses. Si bien el "new look" era alta costura, y se compraba *chez* Dior, en lo de Fath se podía elegir, además, una simple falda bien hecha y un suéter de cachemira a precios accesibles para un asalariado medio. En 1948, Fath firmó un contrato con las tiendas Lord and Taylor, de Nueva York, para diseñar dos colecciones por año. Todos los modelos debían llevar la etiqueta: "Diseñado por Jacques Fath, en América, para J. Halpert". Este último era su productor.

1950

En 1949, Fath, junto a otros costureros franceses (Carven, Dessés, Piguet, Paquin) presentaron los moldes con sus diseños en la edición de *Vogue* (Estados Unidos), otro hecho nuevo dentro de lo que luego sería el *prêt-à-porter*. Un año antes de morir, en 1953, presentó en París su mejor colección de alta costura, en base a encajes, en simultáneo con su perfume Fath de Fath, ambos memorables.

Jacques Fath, 1950

7. Emblemas de los '50:
bikinis, tee-shirts y blue jeans

La costumbre de tomar baños de sol, por considerarse indispensables para la buena salud, empujó a los diseñadores a desnudar la espalda, en los años cuarenta. Se crearon entonces los modelos de dos piezas, con dimensiones discretas, tanto en el *soutien* armado como en el *slip*, que llegaba hasta la cintura. Hasta que en julio de 1946, poco después de terminada la Segunda Guerra, Louis Réard, presentó la primera colección de *bikinis*. Esta vez de líneas audaces y dimensiones diminutas, serían la pieza clave de la moda de playa durante toda la segunda mitad del siglo XX. Su nombre se debió al carácter explosivo que, según su creador, tenía la propuesta.

Bikini se llamaba el atolón del Pacífico donde se realizó la primera

Dos piezas, 1940

explosión atómica submarina en 1946. En los medios pacifistas franceses, sin embargo, su denominación fue criticada porque evocaba el horror de la guerra.

Poco después, en los cincuenta, Rudi Gernreich, siguiendo la tendencia inventó el monokini, que constaba de un *slip*, sin

Fin de los 50. Rudi
Gernreich con Peggy
Moffit como modelo,
marca el comienzo de
los sesenta con el
topless monokini

Bikini, 1946

soutien gorge, con breteles a
manera de tiradores que sostenían
el *slip.* Esta moda no tuvo mucho
éxito, pero inauguró la costumbre
del *topless* en Europa. En los años
sesenta, dicho *slip* se haría similar
al de las vedettes de teatro de
music hall. Solamente un
triángulo, sostenido por apenas
una cinta casi invisible en la parte
posterior. Tal modelo se llamó
string. Otro *look* de playa, la
tanga, lanzada por los brasileños
con ese nombre, siguió al *string.*
Tiene forma anatómica que
destaca las caderas, justo hasta la

cintura. Tanto los modelos de
string como de tanga
influenciaron fuertemente la
moda de lencería, hasta el día de
hoy.

La aparición del tejido elastizado
de *lycra* fue decisiva para innovar
la ropa de playa, de *lingerie* y
para los deportes, pues dominó
colecciones de líneas específicas,
abarcando hacia fines del siglo
XX casi toda la gama de ropa
interior, exterior y de playa, y
priorizó las bondades de la fibra
elastano en todo el mundo.

Popularización de la *tee-shirt*

Los años treinta fueron el comienzo de la *tee-shirt,* emblema por excelencia del ropero del siglo XX. Por entonces, pasó de ser un complemento meramente deportivo a convertirse en un vehículo de mensajes publicitarios, o *souvenir* de viajes, en 1939. Durante la guerra iniciada ese año y hasta 1945 se reveló su protagonismo. Especialmente luego de ser usada por once millones de militares norteamericanos y, más tarde, en la posguerra, cuando se convirtió junto con el jean en el uniforme de todas las clases sociales.

En 1948, la marca "Fruit of the Loom" siguió el modelo de la marina norteamericana, bajo el nombre de *T type*, por su molde en forma de "T". Confeccionada en puro algodón blanco, se hizo popular en todo el mundo como pieza indumentaria de la juventud. Las *tee-shirts* sufrieron muchas transformaciones y difundieron todo tipo de mensajes estampados en ellas. Desde eslóganes políticos hasta publicitarios, pasando por consignas ideológicas y militantes de las posturas más diversas. Las técnicas serigráficas textiles, en 1954, y luego el *transfer* en caliente, contribuyeron a convertir esta prenda masiva en un formidable medio de comunicación.

Jeanswear

El origen de los *jeans* se remonta a 1896, cuando fue creado por Levi Strauss en San Francisco, California, confeccionado en *denim*. Más tarde, un catálogo de 1933 anunciaba el modelo 101, junto a otros, como ropa de trabajo. Especialmente el *overall* proletario o campesino de denim azul y, curiosamente, el *black jean,* realizado con sarga de ese color, muy exitoso, dado que los argumentos de venta sugerían que se ensuciaba poco. En éste y otros tonos, la moda del *jeanswear*, que cobró su mayor importancia en los años setenta, consagró todos los colores y las técnicas de tinturas y lavados para lograr el famoso efecto desteñido o gastado. En los años sesenta, los jeans empezaron a aburguesarse, y se modificó el modelo original *western* del Levi's, hasta que al final de los sesenta se agregaron *godets* de géneros vistosos en las piernas, para lograr el efecto "pata de elefante". De uniforme de trabajo pasó a ser modelo de vida informal, y vehículo de ropa cuasi erótica.

1950 1960

El señor Levi Strauss nunca pudo imaginar, a fines del siglo XX, que sería el padre de ese uniforme azul, estandarte vestimentario del mundo globalizado.

Aplicaciones de trozos de telas y etiquetas de colores en el jean de una adolescente de Nueva York, a principios de los setenta. Le prohibían entrar a la escuela con ellos, hasta que hizo elevó su queja a la Unión de Libertades Civiles Americanas

Uniformes rebeldes

La fórmula de jeans con botas y *tee-shirt* con campera negra de cuero que inmortalizaron Marlon Brando y James Dean hacia mediados de la década del cincuenta, se transformó con los años en el uniforme de la juventud rebelde.

Ese código indumentario, sumado al suéter de lana negra y cuello alto, se extendió a los intelectuales franceses existencialistas, encabezados por Juliette Gréco y Boris Vian, y a los *beatniks* norteamericanos inspirados por Jack Kerouac.

El color negro, luego de que Balenciaga lo impusiera en la alta costura, triunfaba otra vez en la bohemia artística, entre escritores, pintores y músicos. El agregado de anteojos oscuros completaba el *look*. Desde luego, no tenía el mismo concepto que la *petite robe noire* de Chanel. Ese vestido simple que durante años simbolizó, por el contrario, la respetabilidad, la discreción y la elegancia.

64

Barbie

Durante la década del cincuenta, los adolescentes, que hasta aquel momento no decidían en el mundo de la ropa, aparecieron como una clientela potencial y poderosa. Y, paralelamente, surgieron los subproductos que evocaban el fenómeno masivo. La muñeca Barbie, por ejemplo. Ella fue un testigo mudo y protagonista, a su vez, de todos los cambios que sucedieron en la moda desde la segunda mitad del siglo XX hasta hoy. Barbie nació el 19 de marzo de 1959, engendrada por los norteamericanos Ruth y Elliot Handler. Vino al mundo vestida con un traje de baño rayado, típico del final de los cincuenta.

Una muñeca de veintinueve centímetros de altura, con profesión de *mannequin*, de pelo dorado, ojos azules y formas perfectas, que descubrían un cuerpo real de adolescente, incluidos senos modelados.

Detalles anatómicos que ninguna muñeca había registrado. Hasta entonces, los juguetes de las niñas habían sido bebés. Barbie fue la "adolescente perpetua" y siempre a la moda. Los grandes costureros la visten, todavía hoy, con los estilos del momento.

Barbie de comienzos de los sesenta

Roger Vivier fue básicamente un escultor preocupado por la forma y la textura. Sus zapatos, los que diseñó en su taller parisino durante seis décadas desde 1937, se destacaban por los talones innovadores, que tanto podían imitar una copa, una pirámide o un caracol, o tener tanto formas cóncavas como convexas. Sus creaciones conjugaban el encanto de los estilos del siglo XVIII con los principios aerodinámicos (y materiales) de la ingeniería moderna.

"Hay muchísimo espacio aprovechable entre el talón de una mujer y el suelo", dijo Bernard Figueroa, uno de sus continuadores.

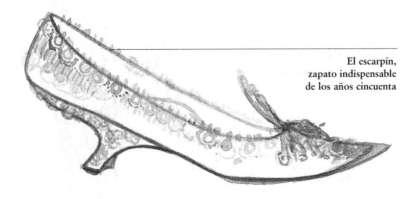

El escarpín,
zapato indispensable
de los años cincuenta

El estilo Audrey Hepburm
vestida por Givenchy
marca los años cincuenta
hasta los sesenta

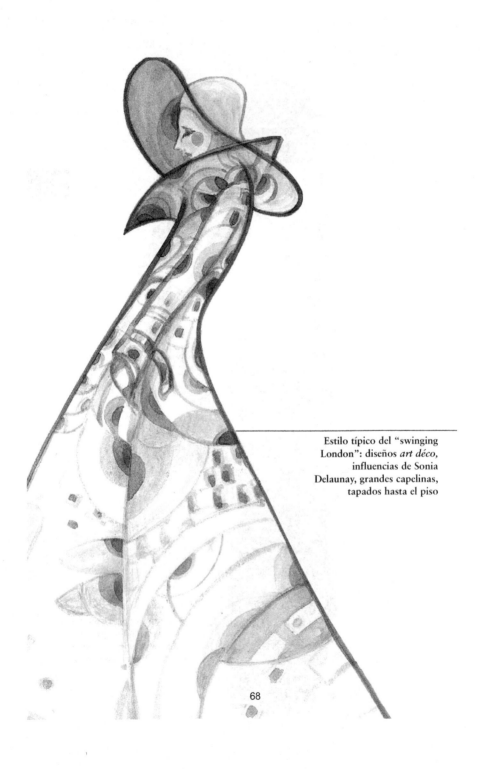

Estilo típico del "swinging
London": diseños *art déco*,
influencias de Sonia
Delaunay, grandes capelinas,
tapados hasta el piso

8. Los jóvenes años '60
Mary Quant, Courrèges, Cardin, Rabanne

Básicamente joven y con maneras transgresoras, amén de un flaco bolsillo destinado al gasto indumentario. La moda perdió, por primera vez en el siglo, su carácter elitista y se convirtió en un fenómeno de masas. En lugar de las grandes casas francesas, el mundo miró las vidrieras desprejuiciadas de Carnaby Street, en Londres. En esa calle nació el nuevo estilo. Impuesto por jóvenes creativos que hicieron vibrar lo que el mundo llamó el *swinging London*. Ropa vieja y nueva se mezclaba en excéntricos atuendos.

1960

Vestidos de colores desafiantes como el fucsia y el amarillo chillón, combinados en faldas mini, con estampados futuristas, no florales, y con la geometría del *op-art*. Los abrigos de falsa piel, audaces anteojos oscuros, tops de crochet, zapatos puntiagudos, *bell-bottom* jeans y grandes bolsos, además de botas con aplicaciones de motivos florales. El secreto de la descomunal expansión fue que tal estilo estaba basado en un precio accesible a todas las clases sociales y la ropa era confeccionada con materiales baratos, casi descartables, que inducían a la novedad constante y a los precios tentadores. Por eso, fue el momento clave para que estallara el fabuloso *boom* de las *boutiques*. Esas tiendas eran de poco personal y producían, al instante, el último grito de la moda. Esa forma de comercialización se mantuvo hasta nuestros días.

Mary Quant

Mary Quant (n. 1934) fue la primera en darse cuenta del nuevo mercado joven, y con espíritu vanguardista. Decidió que vendería ropa divertida y liberada. Lanzó el "Ginger Group", una colección de ropas baratas para ser coleccionadas pieza por pieza y poner toda junta en variaciones infinitas. Sin ningún conocimiento de costura, siguió cursos acelerados de corte y emprendió sus creaciones, sorteando todos los prejuicios.

El éxito fue tal que los clientes desvalijaban su *boutique*, obligándola a acrecentar cada semana sus *stocks* con novedades. En ese apremio nació una de las piezas claves de toda la mitad del siglo XX: la minifalda. El revuelo mundial fue grande. Dijo Mary Quant: "La apariencia de los adultos no me gusta, tienen algo de aterrador, mezquino, feo. Por eso quiero que los jóvenes tengan una moda para ellos". En 1961, Quant produjo a gran escala sus minifaldas, y fueron cuestionadas solamente por André Courréges, quien proclamó en París su paternidad. "Yo fui el primero en inventar la minifalda. Mary Quant solamente la comercializó", aseguró a la prensa especializada.

Minirobe, 1967

70

Courrèges y el espacio

Chanel, una vez más, se puso en contra. "Detesto la minifalda. Se pueden mostrar las nalgas, pero las rodillas, jamás", confesó en una entrevista televisiva. Mary Quant no se inmutó ante las críticas. Solamente resumió: "No importa quién sea el inventor. Por mi parte, creo que ni yo ni Courrèges la hicimos, sino que la calle la concibió primero". La polémica sobre la minifalda todavía se aviva por momentos, entre estudiosos de la moda.

En 1961, André Courrèges presentó sus primeras minifaldas, acompañadas por otras piezas de inspiración espacial. En general, se llevaban con botas cortas de cuero blanco y reminiscencias del estilo aeronavegante. Los pantalones elastizados también blancos, y los minitapados con dibujos futuristas y geométricos evocaban la carrera espacial. *Vogue* anunciaba, en 1961: "Las faldas de Courrèges son las más cortas de la costura francesa. El mensaje del modisto es muy audaz. Responde a una investigación científica que logra proporciones de una gran belleza matemática, de una novedad total".

"Moon girl": pantalones de lentejuelas plateadas, atados con una cinta de satén blanco, botas blancas, 1964

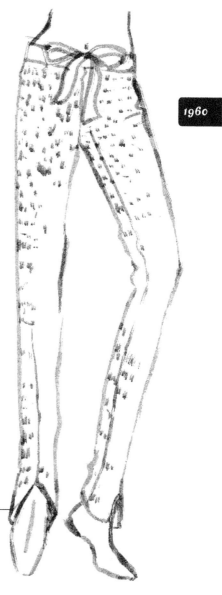

1960

En el mundo de la moda francesa empezaban a convivir el dobladillo cortísimo y el famoso largo, justo debajo de la rodilla, sacralizado por Chanel. Y algunos vestigios del que llegaba a media pierna, fiel a Dior y a Balenciaga y su alta costura. Nueva York imitaba a París. Gracias a la minifalda, las medias de todo diseño, color e inspiración eran la base del *look*.

El diario *The International Herald Tribune,* vocero mundial de las tendencias en los modos de vida, analizaba el fenómeno de las piernas descubiertas: "Las minifaldas nos muestran solamente piernas de niñitas, sin muslos ni pantorrillas. La moda de hoy es para lolitas, con brazos y piernas de niña".

En consecuencia, una moda masiva en alza. Y también los estilos denominados *baby doll,* y su contrapartida, el aspecto andrógino, en los que el candor no excluía una dosis fuerte de sensualidad.

Minis, cuellos gigantes, piernas acentuadas

Por su parte, los hombres adoptaron ropa cada vez más colorida y un estilo andrógino en busca de una estilización de los cuerpos. En realidad, la música pop y la moda fueron los pilares de la contracultura joven con importancia histórica. Cuando los Beatles empezaron su carrera, se vestían como rockeros. Pero cuando fueron célebres, adoptaron la moda *mod*.

El estilo *mod* cultivaba una apariencia conservadora, con acentos traídos de la sastrería de Italia o el estilo de sastrería clásica inglesa. Eran particularmente cotizados los sacos y chaquetas de *mohair*, el terciopelo y la ropa hecha a medida. La influencia de la ambiguedad sexual dentro de este estilo jugó, según algunos entendidos, un papel definido entre sus seguidores. Los *mods*, que se distinguían por la audacia de los colores y los estampados de su ropa, impensables dentro de la moda británica clásica,

fueron reflejados por los Beatles, los Rolling Stones, Cream y muchos de los grupos ingleses de la época. Desde entonces, la cultura musical popular continúa ejerciendo influencias sobre la moda joven.

1960

Sacos de terciopelo negros o violetas. Hombros pequeños, líneas alargadas, pantalones a cuadros, botines de danzas con taco, anteojos de sol redondos. El estilo *mod* o *minet* para los hombres triunfa en Europa

Bill Gibb: refinamiento, mezclas de bordados y medias rayadas con zapatos de plataforma. Fines de los sesenta

Por su parte, Barbara Hulanicki, dueña de *Biba!,* fue la opción luego de Mary Quant, desde su *boutique* londinense, con precios tan bajos que un equipo completo en su local valía lo que Mary Quant pedía por un vestido. Otros diseñadores ingleses de la época jugaron papeles importantes: Jean Muir y Ossie Clark, que llevaron a la versión elegante las tendencias vanguardistas de la calle, y Zandra Rhodes, una de las grandes transgresoras en su tratamiento del diseño textil, cuyos dibujos y moldes reflejaban una inspiración étnico-romántica.

El *coiffeur* Vidal Sassoon fue el que terminó de definir, dentro del estilo corto y asimétrico, la expresión *mod*, que completaría un maquillaje de base clara y *rouge* casi natural, con ojos muy delineados, con grandes pestañas postizas, como Twiggy.

Grace Coddington. Famosa modelo de los sesenta, que se convirtió en una de las más respetadas editoras de moda de *Vogue* inglés y americano sucesivamente

La modelo top Twiggy fue la mejor representante de aquel momento de la moda, con su cuerpo delgadísimo y su actitud infantil. Jean Shrimpton y Verushka fueron igualmente emblemáticas de esos días y reflejaban la imagen de fotógrafos como David Bailey, autor preferido en Londres por sus fotos en las revistas, y en quien se inspiró el director Antonioni, sobre un cuento del escritor Julio Cortázar, para hacer el film *Blow Up,* donde se sobreentendía que la cámara y la modelo mantenían una relación sexual. El clic de cada toma disparaba rituales eróticos, según Bailey.

El estilo Vidal Sasoon
de los sesenta: Kouka,
modelo argentina,
triunfa en Europa...

Mientras en Londres seguía el éxito del *prêt-à-porter* de vanguardia y se convertía en un *"leader"* de la moda mundial y el país más creativo del planeta, gracias a las camadas de diseñadores salidos de las escuelas de moda como el Royal College of Arts, en París se trataba de lograr un *aggiornamiento*. Desde luego, André Courrèges fue el más notorio precursor de las nuevas líneas. Pero Pierre Cardin, Paco Rabanne y Saint Laurent fueron quienes insuflaron nuevos aires con sus colecciones, que no desentonaban con el desenfado, dentro de la alta costura. En el *prêt-à-porter,* Emanuelle Kahn, Michele Rosier y Sonia Rykiel lograron una renovación de estilo.

76

Paco Rabanne

En Francia, Paco Rabanne
introdujo el uso de piezas plásticas
y metálicas en sus propuestas.
Hijo de una costurera de
Balenciaga, Rabanne ganó adeptas
cuando, en 1966, presentó una
línea que incluía discos de plástico
fosforescentes, sostenidos por
hilos metálicos. A esta novedad
siguieron las túnicas de tejido cota
de malla, todavía famosas. Todo
lo concerniente al avance técnico
en la costura, desde el material
plástico y los géneros con lycra,
hasta la inclusión del cierre
relámpago en vez de los botones,
sugería el avance de un futuro
diferente. *Vogue* remarcaba las
virtudes de la nueva ropa en sus
ediciones de 1965: "No hay nada
que atar, ni abotonar. Una simple
presión, un movimiento rápido de
la muñeca, y ¡hop!, uno se viste en
un santiamén". Otros medios,
para describir las nuevas
tendencias, usaban términos
igualmente flamantes como
"órbita", "cohete intergaláctico",
y hasta llegaron a bautizar algún
estilo como "LSD", por lo
psicodélico del modelo.
La alta costura se encontraba en el
ojo de la crítica. Y a la
retaguardia. El desarrollo del *prêt-
à-porter* era, para decirlo con un
lenguaje de la época, meteórico.

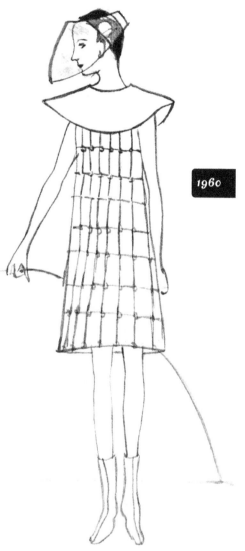

1960

Fue, en realidad, un fenómeno que
decidió los años sesenta. "La alta
costura ha muerto", afirmaba
Emanuelle Kahn en 1964.
"Quiero dirigirme a las mujeres
comunes, de la calle."

Yves Saint Laurent

El mundo había entrado en un estado de rebeldía sin retorno. Basta citar que el propio Saint Laurent, rompiendo los tabúes del pudor, lanzó las blusas *see through,* con transparencias que chocaron a la clientela norteamericana. Fue la culminación de las innovaciones de YSL, quien había dejado la casa Dior en 1963 para fundar su propia etiqueta.

Son memorables sus vestidos inspirados en la pintura de Mondrian, de 1965. *Harper´s Bazaar* describía la novedad como "del modisto que había inventado el vestido del mañana, de una abstracción radical, emblema de una nueva era".

Su aproximación al arte continuó en 1966, cuando incorporó imágenes de Andy Warhol, y en 1967 coqueteó con el arte africano, rindiendo homenaje a la corriente étnica primitiva, que apareció tantas veces en el guardarropa con distintos orígenes a lo largo del siglo XX.

Tapado
de cuero,
1960

El modisto fue consciente, desde el comienzo de la revolución joven, de las limitaciones de la clientela de la alta costura y sus riesgos de romper con las reglas del juego. En sus colecciones finales con Dior, estuvo inspirado por los *beatniks* que expresaban la rebelión a principios de los sesenta. Una campera de cuero negro, con detalles de visón, sobre un vestido de fiesta, más un casco de visón negro, completaba el modelo, sorprendente para la época, en la alta costura. A partir de allí, Saint Laurent fue el responsable de dar nuevos aires jóvenes a través de su firma. La adaptación casi literal del esmoquin masculino para una silueta estilizada de mujer fue su gran clásico. Tan célebre como la *sahariana* de gabardina *beige* que lució Verushka, copiada en todo el mundo, en 1968.

El esmoquin con pantalones cortos y blusa transparente

Hippies y "flower power"

En 1967, millares de jóvenes se
reunieron en San Francisco,
California, para celebrar el valor
del amor. Ese fue el punto de
partida no sólo de la nueva
filosofía, sino del desplazamiento
de Londres y París hacia California,
un lugar que nunca había
engendrado ningún movimiento
importante de modas. A pesar de
eso, muchos críticos decidieron que
la fuente del estilo *hippie* de vestir
tenía su origen en el estilo *mod*,
que había nacido en Londres e
influenció la década casi tanto
como la ilusión de la moda
espacial.

Los *hippies* buscaban el exotismo,
los colores y las formas
psicodélicas, el pelo muy largo y el
amor libre, como un acto de
reivindicación. Su ropa hablaba
de peregrinaciones reales e
imaginarias, con fuerte acento

Ossie Clark: tapado largo
en *tweed* rosa pálido.
Botas Anello & Davide,
famoso zapatero de danza
de la época

en la inspiración de la India y de Marruecos. Cuando los *hippies* rechazaron la moda oficial de su época, adoptaron el estilo del pasado y los países lejanos. Es que dentro de su filosofía se descubría su desprecio por el mundo industrial moderno. Pensaban que estaba corrompido y que la única autenticidad se encontraba en otras civilizaciones y en el pasado más remoto. El romanticismo impregnaba sus elecciones estéticas, preferentemente las faldas largas y fluidas, en algodón estampado con flores, o importadas de la India, y las de inspiración 1900. Para acentuar sus deseos de pureza, imitaron los primeros tiempos del precapitalismo, en la confección artesanal de su ropa, tomando como modelo el estilo prerrafaelista, contrario a la sociedad industrial londinense de fines del siglo XIX.

1960

El estilo afro de Angela Davis: rock, soul, manifestaciones políticas y emancipación de la población negra

Por su parte, los *blue jeans* y las ropas de denim aparecieron con fuerza. Estaban decorados con motivos que cada uno realizaba a mano: textos, flores, paisajes, estrellas, banderas, rechazando toda técnica industrial. Las fotografías del festival de música pop de Woodstock fueron el mejor documento de la tendencia, junto a los cuerpos desnudos, con flores pintadas. Paralelos a la desnudez elegida, los jeans y las *tee-shirts* se convirtieron en el instrumento para comunicar que no había diferencia entre los sexos. Había nacido el estilo unisex. El uso de *bijouterie* de inspiración tribal se sumaba a este estilo, para ambos sexos.

Mezcla de etnias, plataformas, flores y estilo afro comienzan a fines de los sesenta

A pesar de las resistencias ideológicas que generaron los *hippies*, la prensa mundial empezó a hacer eco del fenómeno. En 1967, *Vogue* decidió hablar del LSD en una entrevista a Timothy Leary, uno de los padres del movimiento. Mientras, en otra página, Maharishi Mahesh Yogi pregonaba: "Encuentra la felicidad en ti mismo".

1960

Los matrimonios producen parejas legendarias, como Sony & Cher, o Ike & Tina Turner.
Pelos largos, pantalones rayados pata de elefante o bombilla, tops de gamuza y flecos o pieles, mocasines indios

83

9. Unisex e individualismo
Influencia de la música pop

Tom Wolfe definió los años setenta como "la década del yo". Infinidad de estilos coexistieron, afirmando la identidad de sus creadores y por ende la de quienes usaron cada modelo, de marcada individualidad. Por ejemplo, las faldas largas y étnicas convivieron en los primeros años de esta década con los *minishorts* o *hotpants*, que se llevaban con zapatos de plataformas exageradas; y con los jeans "pata de elefante", que volvieron a instalar en la moda de la calle la devoción por el *jeanswear*. Éstos eran sólo algunos códigos de la moda joven que habían inaugurado los *hippies* en su revolución no violenta. Por el contrario, los años setenta fueron desafiantes en lo que se refería al mentado y estático buen gusto.

Anunciadora del *clash*, *Vogue* evoca la anarquía: "La moda verdaderamente anárquica será más inteligente y más simple que todo lo que usted se puso hasta ahora. (...) Usted es única, única en su manera de vestirse. Olvide las reglas, es usted quien las hace y las deshace".

Es el *look* del rock *glamour*, de zapatos de plataforma, polleras largas y el cambio total de roles: los hombres se maquillan. "De una cosa estamos seguros: al principio de los setenta, la combinación espacial de los sesenta no volará."

Todas las reglas del "buen vestir" fueron violadas por los jóvenes diseñadores, partidarios de las imágenes extremas y no convencionales. La revista *Vogue* se preguntaba en Londres, en 1971: "¿Es el mal gusto algo malo?". Los sesenta eran todavía "in" o "out"; los setenta eran "sin certeza". Muchos observadores adjudicaron esa actitud a la moda retro, que los diseñadores de la época cultivaron con gran entusiasmo. Las influencias del movimiento *hippie* se vieron en las colecciones con acento puesto en la contracultura. Entre los rasgos más notorios se descubrían los países orientales exóticos y afroamericanos.

1970

Llegan las polleras largas.
Jean Muir: chaqueta de
gamuza con cintas y alforzas

El estilo *punk*

Estos estilos hicieron furor desde comienzos de los setenta hasta 1975, cuando la moda se volvió, en cierta medida, más occidental. Por otro lado, los *punks* que desplazaron la no violencia, también influenciaron la alta costura y el *prét-a-porter*.

A pesar de la libertad de los dobladillos, y aunque los hotpants y las faldas largas reemplazaron las minifaldas, el *minishort*, que nació en Europa, se hizo muy popular en los Estados Unidos, festejado como el hotpant que se confeccionó en todo el mundo con telas lujosas como el terciopelo, el brocato, el satén, la seda o el jersey, para marcar la transgresión. En los comienzos de los setenta, el minishort se llevaba con botas largas (o cortas) y un maxitapado hasta los tobillos, abrigo casi obligatorio tanto por cuestiones estéticas del momento como por defensa contra el frío. El fuerte individualismo de la década y la perplejidad de la guerra de los dobladillos impulsó el auge del pantalón, que volvió a las pasarelas de los desfiles.

1970

Issey Miyake, Londres, 1972.
La ropa es una extensión de la piel humana. Su creación del novedoso *bodywear*, que seguía la idea japonesa del tatuaje, muestra la expresión de su concepto

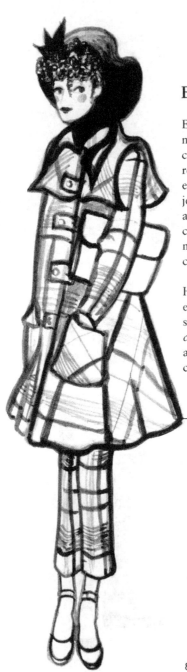

El *boom* del pantalón

En 1971 se vendieron en Francia 14 millones de pantalones. Muchos cronistas decretaron que el pantalón rejuvenecía. Esta certidumbre explicó el triunfo aplastante de los jeans como nunca había ocurrido antes, desde sus orígenes en 1876, como ropa de trabajo, hasta su momento de gloria en los años cincuenta.

Hubo tantas marcas de jeans como estilos. A los "pata de elefante" siguieron los de talle bajo, el modelo *cigarette* y el pinzado. Fiorucci le agregó el toque sexy y unisex, y la consagración fue definitiva.

Stirling Cooper, Londres, 1971.
Boinas, rulos grandes, escoceses al hilo y
al bies, pantalones cortos, tacos altos
con pulsera

Una mirada retro

Los estilos rescatados del pasado,
como la mirada a los *Ballets Russes*
que a principio de siglo habían
deslumbrado a Poiret por su
colorido exotismo, poblaron las
colecciones del comienzo de los
setenta.

Durante los años que siguieron, los
creadores –como se comenzó a
llamar desde la mitad de los
setenta a los diseñadores–
continuaron con la misma tónica
teatral y cultural, invocando el
pasado en todo su esplendor.

1970

Cacharel, vestido de crépe, 1974.
El vestido forma parte importante del
guardarropa, con un aire retro

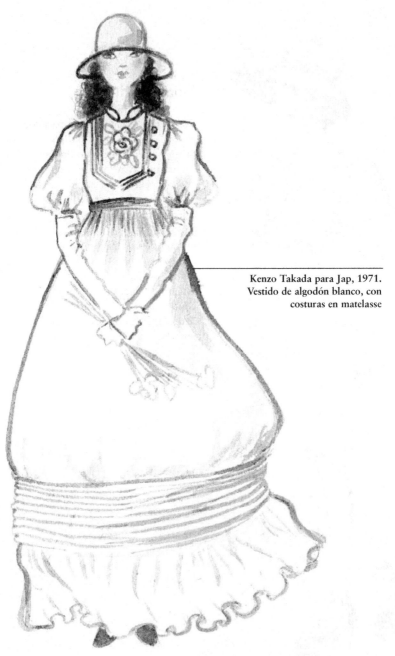

Kenzo Takada para Jap, 1971.
Vestido de algodón blanco, con
costuras en matelasse

Kenzo

Kenzo Takada llegó a París en 1965 y se convirtió, en 1970, en uno de los más originales estilistas. Su primer desfile ofreció la variante más colorida y alegre gracias a la sabia mezcla de etnias de Oriente y Occidente que supo imprimir a su ropa, más su espíritu libre y un talentoso manejo del color.

Su primera *boutique*, ambientada en el espíritu de la pintura del Douanier Rousseau, se llamó Jungle Jap, y desde allí impuso su célebre estilo de campesino sofisticado, con grandes dosis de refinamiento e imaginación. Allí comenzó la *prémiere* de su imperio, conocido en el mundo entero.

Los géneros con grandes flores impresas y la yuxtaposición de estampados florales con géneros escoceses y rayados fueron su imagen de marca, junto con una paleta de colores de gran riqueza.

Una etiqueta fundada sobre el espíritu lúdico y desprejuiciado, más que sobre el carácter suntuoso. Sus primeras telas provenían del popular mercado Saint Pierre de París, donde todavía se puede comprar las mejores telas por metro, y la introducción de las formas básicas de las vestimentas orientales completaron el estilo Kenzo. Sus colecciones siempre estuvieron inspiradas en el folclore del mundo, debido a su pasión por los viajes y su habilidad para unir los estilos de Oriente y Occidente. Otra innovación de Kenzo fue introducir el uso del algodón puro en su ropa, durante todo el año, incluso en invierno.

1970

Pablo & Delia, 1971. ¿Quién iba a
pensar que el cuero podía lucir
romántico?
Chaqueta de cuero con rosa de tela
aplicada. Top elastizado con gajos de
flores aplicadas. *Baggy pants* en
algodón. Todo blanco

Pablo & Delia

Marca inglesa de dos jóvenes artistas argentinos creada en 1970 en Londres. La editora de moda del *Vogue* inglés, Grace Coddington, los invitó a crear una imagen de tapa sobre un ícono de la época: Jean Shrimpton, ejemplar que los lanzó a la fama. Los ingleses captaron en ellos una interesante extensión del lenguaje plástico de la moda, y se convirtieron en los diseñadores más respetados por su creatividad fuera de todo estilo preconcebido.

Pablo y Delia se inspiraron en la naturaleza, tan importante en Inglaterra, la literatura victoriana y el arte. Sus colecciones estaban llenas de humor e ironía. Otra estética favorita y convertida en imagen de marca de P&D fue la que invocó la atmósfera de Lewis Carroll, como también las pinturas de Whistler, Goya y Gainsborough, entre otros. Tanto en Londres como en París mostraron su ropa en desfiles concebidos como espectáculos, mezclando *mannequins* famosas con bailarinas o artistas talentosos, anticipándose a nuestros días.

De 1975 a 1980, la etiqueta se produjo en París por el Grupo de Creadores e Industriales, iniciado por Didier Grumbach y Andrée Putman.

En Think Sharp –su última colección bajo la marca P&D– fueron pioneros de una línea minimalista al presentar ropa de algodón blanco, negro y rosa con cortes precisos, estrictos y abstractos; ruedos en *scallop* y la clásica mezcla de su marca: lo masculino y lo femenino, lo estricto y lo romántico.

1970

Tricot: Rykiel y Missoni

Sonia Rykiel, que en 1968 abrió su *boutique* de ropa tejida en París, fundó su fama en 1974, cuando lanzó su colección de ropa de malla que sugería el cuerpo y ostentaba una particularidad: las costuras a *l'envers* en los pulóveres, ajustados al cuerpo, ultrafemeninos. El estilo de Rykiel se consolidó con su ropa *souple*, en tonos sombríos y profundos (negro y azul, básicamente), la aplicación de brillos de *strass*, pequeños gorros tejidos al crochet y echarpes largos que lograban el efecto de boa. Los conjuntos de pantalón amplio y cárdigans hicieron furor en los Estados Unidos y se reprodujeron con ligeras variantes, dentro de la simplicidad.

En Milán surgió otra reina del *tricot*. Era Rosita Missoni, quien junto a su esposo Ottavio llevaba su etiqueta desde los años cincuenta. En los setenta, la marca fue aplaudida por la

Sonia Rykiel, 1972

sutileza de la trama, la suavidad del material y especialmente por la genialidad en el manejo del color y el diseño del tejido. Los rayados arco iris se veían en insólitos vestidos logrados con *panneaux*, sueltos como si fueran *foulards* o ponchos, aun para vestidos de noche. Los básicos de Missoni conservaban la calidad artesanal nunca traicionada, y sus pulóveres eran pequeñas obras de arte.

1970

Missoni, 1972. Las camisas
están de moda bajo tops,
grandes mangas y mezclas
de tejidos

95

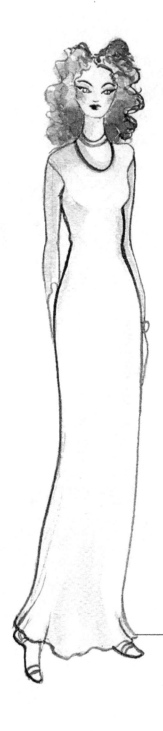

Estados Unidos y los '70

En 1970, la moda americana aceptó a regañadientes el dobladillo de la midi, como lo dictaba Europa. Fue la causa principal para que las etiquetas triunfantes del momento (Bill Blass, Oscar de la Renta, Halston, Geoffrey Beene, James Galanos, entre otros), incluyeran el pantalón en todas sus colecciones. Los modistos evocaban a Greta Garbo o a Katharine Hepburn, quienes lo impusieron ya en los años treinta.

En los setenta, las marcas norteamericanas se emanciparon de Europa y crearon su estética propia.

Comenzaron las marcas-concepto o marcas-producto, que regirán desde entonces.
Dos corrientes eran típicas de la época: el estilo masculino-femenino y, por otro lado, la inspiración hollywoodense de los años treinta, como Halston. A esto se sumaba cierta teatralidad étnica en el uso de los *caftanes, djellabahs, fourreaux* de telas fluidas, y para la moda *hippie* chic, las telas desteñidas con método artesanal *tye and dye*.

Halston, Nueva York, 1972.
Glamour y simplicidad

Bill Blass cautivó a ejecutivas por su costado *couture*, mientras Betsey Johnson trabajaba en el lado opuesto. Esta joven diseñadora inauguró en Manhattan la *boutique* Parafernalia, que siguió cultivando el espíritu del *swinging London*. Allí se compraba ropa muy sofisticada, con sentido del humor y disconformismo. Tapados de vinilo sobre suéteres con *paillettes* subyugaban a las jóvenes. Norma Kamali, dentro del mismo espíritu inconformista, insistió con gran éxito en la moda joven.

Contrastando la teatralidad europea, en los Estados Unidos se abrió el camino a la simplicidad y un cierto tipo de minimalismo elegante. Su primer impulsor fue Roy Halston, célebre por su despojamiento, al diseñar vestidos y túnicas simples de certero corte. Halston había elegido la costura luego de abandonar los sombreros, que declinaron en la década del sesenta.

La influencia de Halston duró desde la segunda mitad de los sesenta, hasta el final de los setenta. Su línea de *prêt-à-porter* se convirtió entonces en un símbolo de éxito social. La forma casi excluyente de su ropa fue tubular o en "T", realizada en jersey, de colores vivos. Pero también trabajó en muselina de seda, o en cachemira, amén de

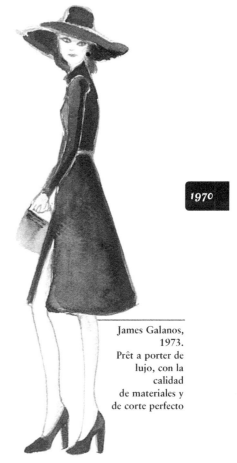

1970

James Galanos, 1973. Prêt a porter de lujo, con la calidad de materiales y de corte perfecto

gamuza. Todas esas texturas fueron emblemáticas de Halston y contribuyeron a su éxito. Detalles refinados y lujosos, como las hebillas de plata de Elsa Peretti, definieron el *look*. Líneas que coincidían con el despojamiento de Martha Graham. La genial bailarina le encargó la ropa para *performances* inolvidables de sus danzas y su ballet.

10. Años '80:

ironía y desenfado

El culto al éxito

La avidez, los excesos, la ambición y la preocupación por sobresalir, desencadenaron extravagancias analizadas por Gilles Lipovetsky. Éste observó que la década de los ochenta estaba regida, básicamente, por los jóvenes empresarios, es decir, los *yuppies* ("young urban professionals"), para quienes la necesidad de aparentar completaba el gusto por el poder. Lipovetsky decía que la moda pertenecía al campo de los gastos suntuarios, y que en momentos de crisis el deseo de distinguirse de los demás solía acentuarse en busca de la jerarquía social. El culto al dinero y la activación del mercado de arte, al igual que la moda, fueron primordiales. Los *yuppies* (femeninos o masculinos) tenían mucho dinero y ganas de gastarlo. Fue en estos años que se abrió el Museo de las Artes de la Moda (Arts de la Mode) dentro de uno de los sectores del Museo del Louvre.

Los creadores se convirtieron en dioses y reemplazaron a las estrellas del rock; las modelos top, a las actrices, y los desfiles

Espectadora de los desfiles, 1980

comenzaron a ser espectáculos filmados y mediatizados. Todo se aceleró, los diseñadores, la gente y las cosas devinieron en "in"- "out", y comenzó el fenómeno de los *"fashion victimes"* (víctimas de la moda): había que estar a la moda cueste lo que cueste.

La religión del cuerpo

En una época en la que hasta el deporte se había erotizado a través del culto al cuerpo, surgieron líneas y propuestas diseñadas para modelar cada músculo en las sesiones de gimnasio o práctica de *jogging*. La idea era la autodisciplina y el ideal apolíneo al que aspiraban quienes practicaban *jogging* y ejercicios aeróbicos, acordes con una vida inspirada en el éxito y los negocios.

Las mujeres ya no querían lucir frágiles ni femeninas, sino fuertes y saludables. Los ejercicios aeróbicos desarrollaron un mercado afín. Los básicos eran de telas elastizadas, teñidas de colores vivos, cuando no flúo, y las piezas esenciales fueron: *tee-shirts* o tops de malla, *leggings* (calzas), vinchas coloridas, medias y zapatos diseñados para correr. Esta moda, que empezó siendo privativa de los gimnasios, llegó a ser con los años la vestimenta cotidiana de hombres y mujeres, aun cuando no fuesen atletas.

Los años ochenta no fueron solamente la década del lujo y la ostentación, sino también del humor ácido. El propio Lagerfeld declaró a *Vogue*: "Sin humor no hay nada". Lo mismo pensaron creadores como Lacroix, Gaultier y Mugler, entre otros.

1980

Alaia

Azzedine Alaia creó una silueta
femenina, que hasta entonces era
materia de constantes correcciones
y estrategias. Sus vestidos realzaban
a tal punto el cuerpo que parecían
cosidos sobre la piel, según la
revista *Women´s Wear Daily,* en
1986.

La devoción por las formas se
tradujo en costuras aparentes,
pinzas escultóricas y el juego con
curvas que lograban la
ultrafemineidad. Su manera
personal de mezclar el cuero con
telas como la *"broderie anglaise"* y
el encaje, el purismo de su trabajo
sin caer jamás en la vulgaridad, su
simplicidad y su conocimiento de
las técnicas que hasta ese momento
pertenecían a la alta costura, lo
convirtieron en el mejor exponente
de estos años.
El propio Alaia, tunecino triunfante
en París desde 1981, cuando diseñó
ropa de cuero para Charles
Jourdan, como el célebre *tailleur*
negro con arandelas de metal,
declaró que el vestido debía ser
parte del cuerpo de una bella mujer,
y que ésta debía "sentirlo como si
fuera su propia naturaleza".

Farida, modelo y colaboradora de Azzedine
Alaia hacia fines de los ochenta.
Un sutil acercamiento a su típico realce del
cuerpo: *"trompe l'oeil"* enterizo

Siempre en estado de adoración del cuerpo femenino, obtuvo un premio del Fashion Institute of Technology de Nueva York, donde se destacó por un vestido color verde agua con costura circular que iba desde el cuello hasta debajo del pecho, modelando la figura desde una capucha hasta la *traîne* posterior, como si fuese el cuerpo de una sirena. Un *tailleur* de Alaia llevaba falda corta, con cierre relámpago por detrás que iba desde la cintura hasta el dobladillo, y una chaqueta con costuras que redondeaban las curvas casi anatómicamente. Esta estética del modisto tunecino fue quizá la más copiada y desvirtuada a nivel popular. Las destrezas de forma y corte fueron posibles gracias a su habilidad, a los materiales elastizados usados y a las nuevas máquinas de coser aparecidas en los años ochenta.

Considerado por toda la profesión de la moda como un maestro, Alaia era un perfeccionista, un gran técnico con sabiduría del corte y la materia y una pasión del *"metier"* que lo igualaba a Vionnet y a Balenciaga.

En la actualidad continúa siendo respetado, aunque voluntariamente –por no querer entrar en el sistema "triturador" de la moda– produce sus colecciones en series limitadas.

"No sé qué es lo sexy, pero la feminidad me interesa."

1980

Thierry Mugler

Thierry Mugler enfatizó los hombros importantes y anchos en las chaquetas, ensambladas a faldas cortas y ceñidas, hiperfemeninas y muy sexys. Algunos críticos fueron categóricos al afirmar que las mujeres ejecutivas amaban ese *look* que les permitía echar abajo los clichés sobre la fragilidad y la pasividad femenina. Otros decían que era el momento del traje masculino al servicio de las mujeres. Se puede decir que la chaqueta o *blazer* de esta inspiración fue el comodín que acompañó todos los equipos. Sacos largos, espaldas cuadradas y poderosas delineaban cortes rígidos, con hombreras descomunales. Todo resumía el estilo del éxito, el dinero y el poder. El *look* se completaba con faldas muy cortas y provocativas. Y también con trajes de noche, de telas fluidas y caras, que marcaban exageradamente el cuerpo y acentuaban hombros y escotes profundos.

El *look* vampiro, 1980

102

En los zapatos de tacos muy altos (*stilettos*) se advertía cierta violencia que dominó la moda de la segunda mitad de los ochenta. En realidad, la ropa seguía la forma de una silueta construida y dura, salida de los gimnasios donde se procuraba endurecer los músculos, adoptando posturas masculinas y dominantes.

Muchos descubrieron que el contenido erótico-sexual de la vestimenta ayudaba en las ventas, al igual que sucedía en la música pop, que se expresaba con una estética afín. Y surgieron, entonces, los modelos de mujer como émulos de Madonna, que resumía la tendencia en sí misma.

1980

Manolo Blahnik,
1980

Las zapatillas, las babuchas y los zapatos de salón que diseñaba y fabricaba Manolo Blahnik se caracterizaban por los materiales finos y costosos que empleaba (brocados, terciopelos, cabritillas, adornados con incrustaciones de piedras preciosas), por sus

fantásticas creaciones y por su calidad. Todos los pares de zapatos pasaban por cincuenta procesos de producción artesanal supervisados por él mismo. Actualmente, Madonna, Paloma Picasso y Bianca Jagger se cuentan entre sus principales clientas.

Lacroix

La alta costura francesa, por su parte, catapultó a Christian Lacroix tanto por su talento como por las altas dosis de frivolidad y de teatralidad de sus creaciones. Ideal para las mujeres de los *yuppies* en ascenso, obsesionados por tener una apariencia firmada en París, y con ribetes espectaculares, como faldas balón, festones, moños, cintas, rayas y lunares, en tonos de rojo y rosa subidos, subrayados por el dorado. Lacroix surgió en 1987, luego de su paso por Patou, cuando el modisto quería vestir a una nueva generación de mujeres jóvenes, triunfadoras y con humor. Su primera colección tenía el aspecto de una fiesta del sur de Francia, teñida de colores y algunos rasgos del pasado revisados con humor. Faldas cortas balón, de satén amarillo con pasamanería y pompones negros, alternaban sobre la pasarela con vestidos de noche, de franca inspiración flamenca, con flecos, *mohair* rosado, tapados de gamuza estampada. En suma, cosas fuertes que pudieran mantener la alta costura francesa viva y vendedora. Tuvo gran éxito en la prensa, que lo calificó como el último creador genial, o "un triunfo de la alta costura francesa, una perspectiva para el futuro", como diría el diario *The New York Times*.

1980

1987: Lacroix lanza
la pollera "ballon"

Lagerfeld-Chanel:
"tutú" de organza
negra tableada sobre
enaguas de tul, con
botones dorados

Lagerfeld

Luego de sus trabajos para Fendi
y para Chloé, hacia fines de los
setenta y comienzos de los
ochenta, el llamado *"káiser de la
moda de los ochenta"*, Karl
Lagerfeld, fue convocado en 1982
para el gran desafío. Se trataba de
actualizar y vender la imagen del
gran mito del siglo XX: Chanel.
Nadie pensó entonces que el
costurero alemán habría de
deconstruir a tal punto el estilo de
Coco. Alguna vez reemplazó el
tweed, y hasta llevó a la pasarela
modelos caprichosos en tela de
denim de algodón, propia del
jeanswear. Las faldas que
llegaban justo debajo de la rodilla
(largo Chanel, como se lo llama
hasta el día de hoy), en las
colecciones Chanel con Lagerfeld
oscilaron entre los muslos y los
tobillos, según el modelo. De
igual modo, los accesorios
clásicos de Mademoiselle fueron
transformados por Lagerfeld,
quien definió los nuevos
sobredimensionando las famosas
perlas y haciéndolas casi tan
grandes como pelotas de golf, en
cinturones con cadenas pesadas y
ostentosas, como las de un
cantante de rap, según dijo.

Muchos le reprocharon el haber vulgarizado el estilo, pero los accionistas de la etiqueta se sintieron aliviados. Las ventas habían subido considerablemente. Para él, la moda seguía actuando como un disparador de cambio. Incluso se animó a cometer pecados de mal gusto que la propia Chanel hubiera detestado, o se hubiera reído de ellos. Algunos sombreros, en forma de sofá o de torta de frutillas, eran más dignos del imaginario de Schiaparelli, inspirada por Dalí. La versión de la *petite robe noire* realizada por Lagerfeld en 1987 tenía botones dorados en *trompe l'oeil*, mientras que un traje de noche escandaloso por lo llamativo, realizado en satén rojo con bordados de oro, recordaba lo que la propia Mademoiselle dijo en cierta ocasión para afirmar su desprecio por la ostentación: "Hacer un vestido Scherezade es fácil. Un vestidito simple, eso es lo difícil".

1980

Lagerfeld: saquito
matelasé, calzas y
gran sombrero

Giorgio Armani

Armani quería que su ropa atrajera la atención hacia el cuerpo, sin estridencias, en una suerte de feminización del traje masculino. Eliminó entonces las hombreras y los forros rígidos. Los hombros se suavizaron y las solapas se alargaron. Las telas que usó fueron las consideradas nobles y suntuosas: cachemira, mezclas de lana con seda. Todas con buena caída.

Armani, 1980: perfección del corte y proporción, una moda minimalista sin excesos visuales

1980

La popularidad de Armani, decretada por *Vogue* a finales de los setenta con el rótulo de "el hombre del día", tenía que ver con la avanzada de la moda italiana, que buscaba rescatar valores estables, vapuleados en la ropa de los sesenta, setenta y ochenta. El culto a la respetabilidad burguesa y al dinero exigía un aspecto elegante, discreto pero a la vez sensual, que fuese representativo de la cuenta de banco. Luego del filme "American Gigoló", Armani logró que su ropa fuera identificada al instante, convirtiéndose en una suerte de señal de riqueza y bonanza, de "*easy living*".

Armani 2001. Pantalones con tiradores de seda, remera rayada

109

El saco marinero, cortado
en forma redondeada y
"oversize"

Jean Paul Gaultier

Según Gaultier, cada época tiene sus ídolos convertidos en víctimas de la moda. Madonna fue su mejor vidriera y el portavoz que rompió con los tabúes de la moda burguesa. Para el modisto francés, la seducción debe correr parejo con la subversión. Esto lo convirtió en *"l'enfant terrible"* de la moda. En base a esa certidumbre, Jean Paul Gaultier fue la gran *vedette* de los años ochenta. Sus mayores transgresiones fueron la falda para los hombres y el corpiño cónico que Madonna lució con tanto éxito en el Blonde Ambition Tour, ampliando ese toque sado-maso de la gira y reemplazando los *soutiens* blancos y las medias de red que la diva lucía.

1980

En 1985, el juego de los géneros hombre-mujer dio lugar a las faldas para hombre, en colecciones como "Joli Monsieur". Su creador decía: "Los papeles sexuales son nada más que un juego. Las jovencitas saben que vestirse como una puta no significa nada en el plano moral, y que las verdaderas prostitutas pueden ser, algunas, mujercitas vestidas con un *tailleur* Chanel".

111

Gaultier 1987: un estilo
con toques de "canalla
francés" y siglo XVIII

Algunos años antes, en 1982-1983, Gaultier había triunfado con una colección que evocaba la época del existencialismo, pero apelando a la inspiración dadaísta. Allí aparecieron los primeros vestidos con corset.

El suceso de imagen se debe al humor (como lo demuestra su famoso conjunto de camiseta rayada típicamente francesa con el *guilt* escocés que lució en los medios) y la versatilidad, unidos a un gran conocimiento de las técnicas y la historia del vestido.

De todos los modistos que adoptaron formas de provocación en la moda de los últimos años del siglo XX, Gaultier fue quien las practicó con mayor eficacia, mezclando épocas, estilos y usando "clichés" para reinterpretar el guardarropa femenino y masculino con ironía y humor. Las provocaciones de Gaultier están a la par de las de Vivienne Westwood, aunque la ropa de la inglesa fuese más difícil de llevar. Y mucho más violenta y agresiva.

1980

Vivienne Westwood, 1986.
Blusa y pollera de satén negro
y organza blanca

114

Moschino y Patrick Kelly

En los años ochenta, dentro de la
preocupación por la apariencia y la
ostentación del dinero, surgió la
exhibición desenfrenada de logos y
etiquetas muy visibles en la ropa.
Los logos y su gráfica desmesurada
proliferaron. Moschino fue uno de
los más devotos en exagerar la
marca en sus cinturones anchos de
cuero con inmensas letras de metal,
que se lucían en sus colecciones de
carácter transgresor, transformados
en verdaderos espectáculos donde el
desaparecido Moschino sorprendía
a su público, burlándose a veces de
las *fashion victims*. La desmesura en
botones, cuellos y hebillas,
emparentadas con uniformes
militares, fueron las señales más
visibles que dejó Moschino en esta
década.

1980

Patrick Kelly, 1988. Joven diseñador talentoso
de la década, prematuramente desaparecido en
estos años, cuando el sida comienzó a llevarse
gran cantidad de gente en el mundo de la
moda. Vestido de jersey con perlas incrustadas

Calvin Klein

Perry Ellis, 1982. Diseñador americano.
Tapado con cuello de astracán, sobre
conjunto de franela. Estilo pionero

Kamali, Calvin Klein y Perry Ellis

Vestidos discretos y racionalistas, andróginos, minimalistas. El cuerpo para hombres y mujeres debía tener hombros anchos, caderas angostas, brazos musculosos. En suma, un cuerpo joven y flaco. La noción de energía fue impuesta por Calvin Klein. En 1980 lanzó su línea de *blue jeans* ceñidos, como los que usó Brooke Shields para un comercial de su ropa. En éste preguntaba, en el colmo de la audacia: "¿Quieren saber qué uso debajo de mi jean? Nada". El comercial y la línea sexy, aunque despojada, llevó a la convicción del modisto norteamericano de que la ropa, cuanto más ceñida, más se vendía.

Desde entonces, Calvin Klein fue considerado el creador del jean firmado y *aggiornado*, a excepción del Levi's. Igualmente exitosa fue la línea de lencería masculina que Bruce Weber fotografió para la misma etiqueta. En 1982, esas fotos, consideradas eróticas, conocieron un éxito sin precedentes, ya que el paisaje urbano mundial fue invadido por hombres bellísimos en *underwear* marca CK.

En cuanto a la lencería femenina de la misma marca, la revista *Women's Wear Daily* consideró que era más sexy que todo lo inventado después de la bikini.

1980

Norma Kamali, 1980. Vestido de jersey con hombreras y el sistema de fruncidos "cortina", que marcó su estilo

Issey Miyake

Para muchos, las tendencias *high-tech* encontraron en Issey Miyake al artista-costurero más deslumbrante de la segunda mitad del siglo. Su genio y sensibilidad le permitieron, desde sus comienzos en París, ser un adelantado de la avanzada japonesa (Rei Kawakubo, Yohji Yamamoto, entre otros).

Su marca de *prêt-à-porter* existía desde 1971, cuando se inscribió dentro del revisionismo de la costura clásica y los principios de corte y confección, pero decubrió, por otra parte, la tridimensionalidad del cuerpo. Elaboró, mediante técnicas de corte plano, una nueva estructura del vestido. Este cambio estaba unido al corte básico del kimono.

Miyake triunfó por el confort y la amplitud de sus modelos, de gran belleza plástica en el espacio. A partir de la segunda mitad de los ochenta, trabajó mucho con el plisado, que según decían derivaba de la ancestral técnica del origami japonés en papel. Su estética fue deslumbrante y contemporánea.

Issey Miyake, 1967

En los noventa, su ropa plisada se volvió emblemática de fin del siglo XX. La difusión de esa línea práctica y exótica a la vez se hizo a través de sus tiendas Pleats Please, en París y en todo el mundo. La extraordinaria riqueza plástica de formas y colores lo consagraron favorito de espectáculos audiovisuales y del ballet. Su línea de impermeables arrugados en telas con las que experimentaba constantemente, fueron otro éxito que prefiguró el siglo XXI.

En 1983, Miyake inauguró un estilo deslumbrante al presentar, como demostración de la tendencia *high-tech*, un *bustier* de plástico rojo. No era otra cosa que un torso de mujer modelado con precisión en plástico rojo; una suerte de escultura realista con pezones y ombligo. Desde entonces no ha cesado de investigar con nuevas tinturas naturales que tiñen formas abstractas, devenidas ropa de vestir.

1980

Issey Miyake,
1994

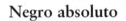

Negro absoluto

En realidad, los japoneses, controvertidos al principio, modificaron los códigos de la moda occidental transgrediendo el sentido de las proporciones e imponiendo el negro absoluto.

A fines de los ochenta, el negro fue el emblema de la vanguardia en el vestir, algo que quizás había comenzado en los años cincuenta con los existencialistas e intelectuales franceses. Rei se consideraba fanática del no-color, y manejó una paleta de hasta una docena, o más, de negros diferentes. Los vanguardistas japoneses impusieron el negro absoluto como lo que había sido antes: el símbolo del anticonformismo. Los demás jóvenes diseñadores que coincidían con ese concepto se apropiaron del emblema y se plegaron masivamente al negro. En los ochenta, el negro comenzó a aparecer en las pasarelas y en los invitados a los desfiles de moda, especialmente en la vestimenta de las periodistas de moda, y en los noventa se convirtió en el color sin rival.

Y. Yamamoto: gran sombrero y negro absoluto

Rei Kawakubo: *"Comme des Garçons"*

Una nueva ola de jóvenes vanguardistas japoneses apareció en París a comienzos de los ochenta. Los dos nombres más importantes de todos ellos, y que continuaron su éxito en estos días, fueron Rei Kawakubo y Yohji Yamamoto.

Rei Kawakubo comenzó a imponer su estilo en Japón a principios de los años setenta, pero se hizo conocer cuando abrió su primera *boutique* vitrina en París en 1983, mostrando su *"look* pobre" con vestimentas que dejaban un ruedo sin coser, desestructuradas, agujereadas y con jirones. Produce gran *shock,* en un momento en que todo era *"glitter"* y sexy; acentuó el cuerpo y las formas afirmando la monocromía del negro, que ya nunca se iría de la moda del siglo, y comenzó la tendencia de trabajar la vestimenta como volumen en el espacio.

La prensa, en su inicio, consideró que las colecciones de Kawakubo parecían escapadas de la destrucción provocada por la bomba atómica, y que las mujeres que llevaban su ropa habían elegido esos modelos para evitar que se sientiera placer al mirarlas.

1980

Kawakubo 1988:
"Comme des Garçons"

121

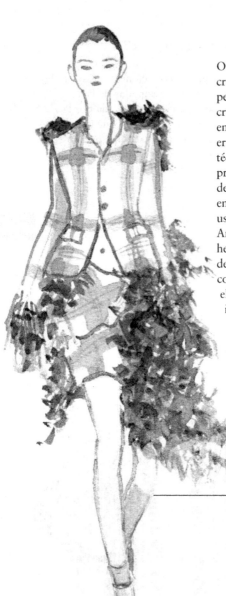

Otros consideraban que las creaciones de Rei eran interesantes, pero difíciles de usar. La propia creadora contestó que cada agujero en su ropa había sido calculado y era el resultado de una elección técnica y estética. "Las máquinas producen telas perfectas, sin defectos. Las telas tejidas a mano, en cambio, no lo son, aunque no las uso para la producción industrial. Amo lo que no es perfecto. Por eso he llegado a modificar mecanismos de mis máquinas de manera que se comporten caprichosamente, elaborando formas y texturas inesperadas, bellísimas e inéditas", afirmó Rei Kawakubo.

A pesar de los detractores de un principio, ella posee actualmente trescientas boutiques repartidas en treinta y tres países.

"Comme des garçons", invierno 2000. Mezcla de escoceses tradicionales, volados cortados de la misma tela y zapatos con tachas de metal

Yohji Yamamoto

Yohji Yamamoto presentó su primera colección en París en 1981. La crítica de sus primeros pasos fue adversa. La prensa manifestó que Yamamoto evocaba el fin del mundo, al igual que Rei. Sin embargo, en 1983, comenzaron a comprender sus ideas innovadoras y su verdadera dimensión poética. Su estilo era, de todas maneras, muy sofisticado. Lo logró gracias a su tratamiento de los géneros y los materiales, que buscaban que la ropa pareciera usada. Yamamoto también eligió la forma de la ropa de trabajo como punto de partida de su vestimenta. Sus mamelucos (*salopettes*), estilizados, reformulados y orientalizados mediante accesorios y sombreros de cultivadores de arroz, lograron un chic oriente-occidente de gran impacto. Wim Wenders, fotógrafo de modas, cautivado por su estética, realizó un filme consagrado a Yamamoto, "Carnets de notas sobre vestidos y ciudades".

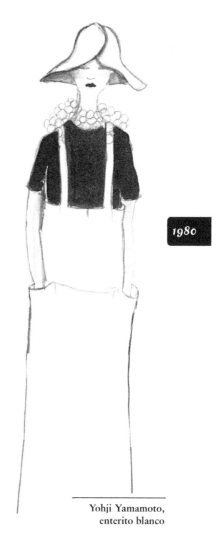

Yohji Yamamoto, enterito blanco

La mujer Yohji era refinada, reservada y elegante, mezcla de extremismo y funcionalidad, con un estilo de gran creatividad. Hacía referencia –junto con una propuesta vanguardista– al gran estilo de la alta costura francesa y europea. El negro casi absoluto, los zapatos sin taco, las formas amplias, las caras blancas: en el fin de los ochenta, el estilo de Yohji se afianzó como un creador de vanguardia, un artista.

123

Sybilla 1988: capa de
algodón para la lluvia con
paraguas estilizado

Sybilla

Entre las creadoras más interesantes
que inauguraron la última década
del siglo XX, está Sybilla, española
por adopción, quien a fines de los
ochenta, en Madrid, iluminó con
talento y originalidad la famosa
movida ibérica. Sybilla fue uno de
los casos más notables de lo que
podía llamarse moda poética.
Su lenguaje y estilo eran
únicos e irrepetibles, con
imaginación en los detalles para
reemplazar botones y cierres, en
especial en una de sus primeras
colecciones, cuando cerró
abrigos con picos de
golondrinas recortadas en
terciopelo, o adornó
camisas con sobres de carta
imitando bolsillos.

Sus colecciones "de cámara" se
venden en Tokio y en Nueva
York. Su colección invierno
2000-2001 tenía combinaciones
insólitas como el rojo sangre
con el azafrán, en vestidos con
chales que emergían desde los pies y
recreaban árboles, flores, insectos,
tentáculos de pulpo.

124

Romeo Gigli

Romeo Gigli, de familia de anticuarios especializados en libros de los siglos XVI y XVII, pasó su infancia con esas influencias.

Estudió arquitectura, hasta que dejó sus estudios y comenzó a diseñar.

Su estilo: telas refinadas y lujosas, colores y formas renacentistas, zapatos chatos.

Presentó su primera colección en París, en 1988. La prensa internacional lo aceptó como nuevo talento.

1980

Romeo Gigli 1988: formas redondas (*cocoon*), capas de telas, mangas "lápiz" y zapatos puntiagudos y chatos

Montana

Claude Montana se destacó por su pronunciado toque teatral, detectado en siluetas enfundadas en pantalones y abrigos con cuello alto, que tenían, en parte, el aire de una armadura militar. Los cinturones de cuero blando en colores vivos cortaban la severidad de los tapados con inmensas hombreras y lograban, en cambio, una hiperfeminización mediante el talle avispa y, en los pies, zapatos de altísimos tacos finos. El *hit* de Montana fueron los tapados de cuero de inspiración militar, de carácter agresivo y espectacular.

Montana 1987: tapado con extravagante cuello, un *prêt a porter* que se acerca a la alta costura

Marc Audibet

Estudió en la escuela de arte
francesa Penninghen. Fue uno de
los primeros diseñadores que
comenzó a trabajar con las firmas
de Elasthanne/lycra, utilizándola en
gabardinas, *crepes* y materias
naturales como el lino.
Su diseño estaba relacionado con la
tela *stretch*, líneas asimétricas que
se adaptaban al cuerpo siguiendo
la línea de la persona, y no lo
utilizó ajustando el cuerpo, sino
como una tela blanda y con
volumen.
Es un diseñador industrial al
igual que un diseñador de
moda.
Audibet piensa que la
moda es una historia de
anatomía y que todo
comienza con la tela.

1980

El *look* Diana
Vreeland, 1983

Diana Vreeland y el *look*

En los años ochenta, cuando los medios gráficos adquirieron tanta importancia, Diana Vreeland (1906-1989) inauguró el término "look". Con esa palabra, Vreeland, árbitro de la moda más famoso y poderoso del siglo, se refirió básicamente al conjunto de códigos vestimentarios relacionados al estilo, la apariencia o el aspecto, que reunía *glamour* con elegancia, conjugados para lograr un arquetipo muy definido.

Su amor por la moda y la atmósfera sofisticada en la que se crió, en París, hasta su partida a los Estados Unidos en 1930, se descubrió en toda su carrera de editora de *Vogue* (1936) y de *Harper's Bazaar* (1962). Y a partir de 1971, como curadora del Museo del Traje, en el Metropolitan Museum of Art de Nueva York, donde organizó exposiciones memorables, como la dedicada a Balenciaga. Se retiró de la vida activa en 1985.

La internacionalidad de la moda

En los años ochenta, las formas de comercialización de la moda fueron decisivas para que ésta no tuviera fronteras. Entre ellas, las licencias que los creadores y las casas de costura célebres otorgaron en todo el mundo. Especialmente en la difusión del *prêt-à-porter* y de los cosméticos. La inversión publicitaria y la difusión de las marcas se hicieron enormes y reiteradas, y los grandes desfiles se convirtieron en la vidriera más importante. Mugler, Lacroix, Kawakubo, Gaultier y Lagerfeld, entre otros, fueron los que más contribuyeron a afirmar el valor de la etiqueta a través de la provocación de las imágenes gráficas, televisivas y teatrales, con sentido del espectáculo.
El éxito global de Calvin Klein, Donna Karan, Ralph Lauren, Armani, Versace, Mugler, Moschino, se debió a la cuidada imagen total para la difusión de su ropa. La hegemonía francesa fue reemplazada por las propuestas internacionales con estéticas bien diferenciadas, pero con un denominador común: la moda-espectáculo y la imagen de marca.

1980

En 1988, Anna Piaggi, periodista de moda italiana conocida por su pluma imaginativa y sus exagerados atuendos y que en las dos pasadas décadas dejó *Vogue* seis veces, vuelve para crear sus páginas vanguardistas

11. Modelos top, grunge y posmodernismo

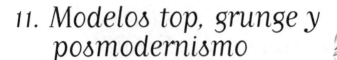

Los años ochenta estuvieron
marcados por la imagen,
deslumbrante en todos sus niveles.
Desde los fotógrafos, los
ilustradores, los diseñadores
gráficos, hasta las *mannequins*,
maleables a todo tipo de propuesta
estética y protagonistas
fundamentales del lenguaje de la
moda. Con un gran vedetismo en
todos los medios, las modelos top,
en cambio, se afirmaron en la
década del noventa. Sus *cachets*
subieron astronómicamente, y en
cierta medida llegaron a quitarle el
estrellato al propio modisto que las
convocaba. Muchas veces
desplazaron, en lo mediático, a las
estrellas del cine y de la televisión, o
en todo caso, se pusieron a la par.

Pat Cleveland, famosa modelo
de los años setenta y ochenta: su estilo,
una moderna Josephine Baker

El grunge

Los códigos de la década anterior fueron desapareciendo con el inicio de los noventa, y dejaron un vacío que fue ocupado, por poco tiempo y con mucha difusión, por el movimiento *grunge*, nacido en Seattle (Estados Unidos). Según dicen, el surgimiento de esta corriente rebelde se debió a la influencia de grupos como Nirvana y Pearl Jam, que impusieron entre sus seguidores las camisas de franela a cuadros, los vestidos largos sin talle, y los pesados botines; una mezcla de la estética *hippie* y *punk* que fue adoptada, en cierta medida, por Anna Sui y Marc Jacobs, antes de que éste fuera elegido por *Vuitton*. *Vogue, Harper's Bazaar* y *Women's Wear Daily* reflejaron el fenómeno. Clasificaron el estilo "como de calle, que reúne desde ropa de trabajo hasta ropa usada de cualquier época".

La receta era, según los cronistas, juntar un vestido floreado de Ralph Lauren o de Calvin Klein, con botas Doc Martens, enaguas antiguas, un suéter sobredimensionado y, como detalle *punk*, un tatuaje y un aro en la nariz, como *piercing*

1990

postpunk. A pesar del poco tiempo y de la resonancia del *grunge*, hubo modistos europeos como Versace y Dolce & Gabbana que hicieron una suerte de mezclas psicodélicas, con pequeñas dosis de *grunge*.

131

Al mismo tiempo, una línea recatada hasta la exageración incluyó la cruz como uno de sus accesorios. No bien el *New York Times* anunció que la moda se inspiraba en hábitos religiosos, CK ensayó sofisticadas sotanas paganas, y Geoffrey Beene capas munidas de capuchones monásticos.

Hacia fines de 1993, *Women's Wear Daily* anunciaba que "la moda ha cambiado el convento por el burdel". A partir de entonces, se vio emerger a la mujer despiadada y con poder. Nacía una mujer que rechazaba el minimalismo y los trazos despojados y andróginos.

El nuevo prototipo tenía mucha sombra en los ojos, el barniz de las uñas muy oscuro y el *rouge* muy brillante y sensual. Los tacos *stiletto* fueron más exagerados.

Marc Jacobs, diseñador neoyorquino salido de la Parson School of Design. Uno de los estilistas emergentes de los años noventa, que siguen la tendencia europea de la creatividad, contratado por el grupo LVMH, se ocupa de la línea *prêt à porter* de Louis Vuitton

Versace

Versace dejó por un tiempo el *look* ultra sexy para presentar una colección de *tailleurs* color rosa, muy aburguesados, olvidando, por un momento, el perfil de su ropa, que a veces llegó a ser calificada como vulgar y obscena por algunos críticos. Las telas que usó eran de estilo neo-barroco en sus estampados, adornadas por conchillas de mar y leopardos, y la cabeza de Medusa, que se convirtió en logo de la casa Versace. Su gran éxito fue esa opulencia digna de la época, que eligió un desenfreno típicamente posmoderno y directo, con elementos kitsch y heavy metal, y con algo de sadomasoquismo. Elementos que amaron sus principales clientes: la gente del espectáculo, los ídolos millonarios y los deportistas, amén de los nuevos ricos y los famosos mediáticos. Sin embargo, el descontrol en los gastos, característico de los años ochenta, fue desapareciendo y comenzó la recesión en el área de la moda.

Aunque la economía crecía, las ventas no se incrementaban. Surgieron otras formas de comercialización y los saldos se hicieron más frecuentes y efectivos. Etiquetas populares de líneas estándares, bien hechas y a buen precio, como GAP, se convirtieron en un hito. Le siguieron, en su estrategia, muchas firmas europeas y norteamericanas de *prêt-à-porter* informal. El secreto: armar un equipo de coordinados en color y estilo que pudieran intercambiarse.

Para algunos críticos, ese fue un síntoma, junto a algunos amagos de moda retro, de que los costureros habían llegado al punto de no tener nada más que decir.

1990

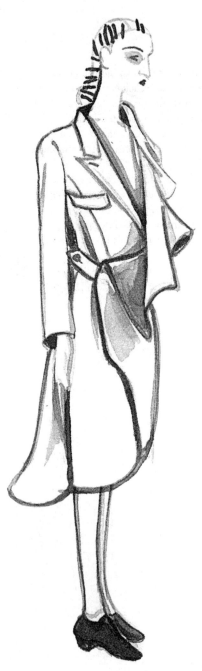

John Galliano

Mientras los emblemas del
sadomasoquismo estaban aplicados
a modelos realizados en goma, látex
o cuero, se convirtieron en los
preferidos de la calle. Surgían,
entretanto, personalidades
inquietantes como John Galliano,
quien junto a Gaultier y a Vivienne
Westwood nunca dejó de hurgar en
el pasado de la moda. Galliano fue
el más insistente en esa tendencia,
desde que se inspiró en la
Revolución Francesa, la China,
Africa, Afganistán o la ropa de
Jacques Fath, o el japonesismo,
entre otras fuentes. Siempre lo hizo,
tanto en sus propias creaciones
como en las que firmó para
Givenchy y Dior.

En todas sus etapas asoció la técnica
tradicional de los sastres con formas
y telas exóticas. Su corte complejo
fue tan descollante como la
utilización hábil e imaginativa de los
materiales. Su sentido del humor
prevaleció en la reinterpretación de
los estilos históricos del siglo XVIII,
donde acentuaba el *glamour* y el
atractivo sexual.

Galliano maneja a la perfección las
técnicas del drapeado y el bies,
estudiando a Balenciaga, Vionnet y
Poiret, además de otros creadores
de la época de oro de moda de
entreguerras. Y también de la
posguerra.

Su colección de primavera 1995 fue una muestra deslumbrante de los años cincuenta, en la que reinterpretó a Dior sin copiarlo, calculando nuevas telas que alivianaran las costuras y lograran el mismo efecto de una manga "new look", pero con un cambio en el camino de las tijeras, estudiado en cada puntada de su maestro preferido: Balenciaga.

Galliano para Dior, 1997. Estilo "belle epoque". La vuelta al corset, como elección personal no impuesto y en vestidos de noche. Cabelleras rojizas, lamés, terciopelos cobrizos y pieles

135

Vivienne Westwood

Westwood llegó al pasado desde sus comienzos, en 1971, cuando junto a Malcolm McLaren inauguró una *boutique* de ropa usada de los años cincuenta, donde también se vendían discos de rock de esa época, que luego amplió con ropa de cuero de connotaciones punk. La alianza del cuero con aditamentos de tachas y cierres relámpago definieron un estilo sado-maso.

A partir de allí, el *bondage-look* de Westwood, usado por el grupo punk Sex Pistols, fue su imagen de marca. Pero en 1982, sus *boutiques* marginales dejaron sus nombres provocativos –como Sex– y llevaron su etiqueta con nombre y apellido. Su colección Buffalo lucía la superposición de prendas interiores, ostentosas y visibles. Luego las minicrinis, en 1986, y las plataformas triples que acompañaban la amplitud exagerada de las faldas, fueron su imagen de marca. Considerada una intelectual independiente, Westwood, fiel admiradora de las telas típicas inglesas y de la exactitud de sus sastres, siempre se ha mantenido en una posición no-ortodoxa. La pintura del siglo XVIII y los muebles de esa época la indujeron a rescatar, del ornamento de un espejo, el tema central de un vestido de terciopelo negro con el dibujo reproducido en dorado. Una pintura de Boucher, con pastores y ovejas como protagonistas, la inspiró en su colección de 1990, mostrada en Londres, que todos aplaudieron. Ella confesó: "Lo que más amé de ese cuadro era el moño rosa que Boucher puso alrededor del cuello de la oveja".

También fue francesa la inspiración de los nombres de sus colecciones en los noventa: "Vive la cocotte!" y "Vive la bagatelle!", de 1995 y 1997 respectivamente. En la última, Naomi Campbell deslumbró con un vestido de noche drapeado y violeta de *crêpe marrocain*, mientras Katia Simon lucía un romántico vestido de *soirée* de satén *duchesse* con rosas en la cintura.

En 1995, para su colección "Vive la cocotte!", Demi Moore fue elegida por Westwood para lucir el modelo "Reina de Saba", un vestido inspirado en la pintura de Tiépolo. En 1994, mostró el desfile "Zonas eróticas", donde invadió la pasarela de *mannequins* munidas de traseros exagerados, logrados por medio de postizos en forma de jaula de plástico, que aumentaban el volúmen por detrás, y también senos postizos, para acentuar el escote. La profusión de modelos de corsets fue emblemática de V. W. en 1987, cuando los usó junto a la minicrini, cruza de minifalda con miriñaque.

1990

Saco dandy de lana, sobre un chaleco, camisa y pantalón en algodón rayado. Zapatos de plataforma. Conjunto creado por V. Westwood, 1994

El éxito del látex, la goma y el neoprene en la moda de hoy se encuentra dentro de lo que muchos llaman chic industrial. Esos materiales, habitualmente usados para la confección de ropa deportiva y náutica, y de técnica quirúrgica, han dejado ahora la órbita exclusivamente industrial para crear lo que se llama moda *techno*. La repercusión masiva de estos últimos años de Prada, con su cartera de nylon negro, es significativa, además de ser un símbolo de los años noventa.

Dona Karan, 1996.
Enterito

Industrial chic

Miuccia Prada, que en 1985 presentó su primera colección *prêt-à-porter,* fue quien además mostró sus colecciones de ropa lograda con procesos de alta calidad de fabricación industrial, con materiales inéditos y diseñada con corte preciso y pureza de líneas. En suma, un resultado minimalista que respondía, según los críticos, a la cultura del sobreentendido. Moda que fue mal copiada hasta el hartazgo.

En 1994, Miuccia obtuvo el Oscar de la Moda, en Nueva York. Por otra parte, dentro de la corriente técnico-industrial, otros emblemas de este siglo fueron las zapatillas Reebok, que revelaron el avance de la técnica y el confort, amén de simbolizar la vida moderna y activa. Exito similar al de las Nike, famosas en los años ochenta por la calidad técnica que reveló la inclusión de un colchón (o almohadón) de aire en la plantilla, como estrategia de confort eficaz.

Prada, 1996

1990

Look severo

Dentro del magma de imágenes anárquicas que la calle usó, y de las propuestas de moda alternativas que inundaron el mercado en los noventa, además de la caótica iconografía del estilo *cyberpunk*, asomó una tendencia calma, severa, que tenía más que ver con los uniformes: ya sean militares o profesionales, cuando no de ropa de trabajo, o inspirados en la vestimenta de la clase obrera china.

Jil Sander, por ejemplo, diseñó ropa de una gran sobriedad clásica con raíces minimalistas. Sus colecciones estaban basadas en el estilo masculino/femenino. Los colores eran neutros y los estampados sin estridencias, evitando cualquier tipo de ornamento que distrayera de un corte masculino, simple y logrado, con telas mórbidas de notable calidad, como cachemira y los algodones con buena caída. Su éxito fue mundial y la marca cotiza hoy en la bolsa germana. Desde 1993 tiene su *boutique* en París, en la misma dirección donde muchos años antes existiera la *maison* Vionnet.

Jil Sander, 2000.
Cardigan, *shirt*, *shorts*

Miuccia Prada también evocó las formas de inspiración militar, en *tailleurs* de sacos cerrados con cuellos discretos (sin solapa), que terminaban en curvas redondeadas, más un cinturón que feminizaba e iluminaba el gris antracita que Prada divulgó en 1995. El rigor del modelo de mayor éxito agregó una dosis de seducción similar al vestuario de Greta Garbo en "Ninotschka", un filme de 1939, en el que la actriz interpretaba a una incorruptible militante de la Rusia comunista que era seducida por un playboy francés. Quizá Miuccia se inspiró en ese estilo tras su paso por las filas del Partido Comunista italiano varios años atrás, y mucho antes de su militancia en la costura.

Por su parte, la casa Gucci se hizo célebre por su chic severo en mocasines, que usaron famosos como John Kennedy, Jack Nicholson, Liz Taylor o Raissa Gorbachev, entre otros seguidores del chic italiano propiciado por la etiqueta. Entre ellos se cuenta Grace Kelly, a quien Gucci dedicó, en 1964, el *foulard* llamado Flora, por su temática. Sin embargo, cuando Tom Ford tomó la dirección de la casa, ya en los noventa, además de imágenes eróticas y sexuales en las campañas gráficas, incluyó un

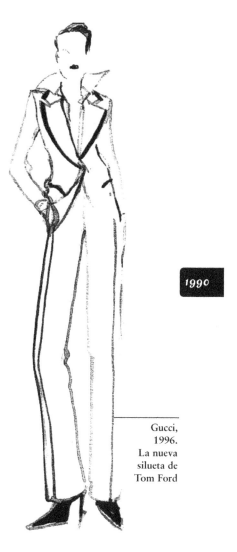

1990

Gucci, 1996. La nueva silueta de Tom Ford

look entre severo y pervertido para hacer más provocativa la línea de *prêt-à-porter* de Gucci antes de la llegada de Ford, innovando el estilo y acrecentando las ventas, luego de su vuelta a la tradicional casa.

Helmut Lang

El traje Mao, de diseño tradicional masivo e industrial y de líneas rigurosas y austeras, que tanta influencia ejerció en la moda del siglo XX, se alineó en el ropero de las que buscaban vestirse con sobriedad sofisticada. Helmut Lang era otro fanático del "menos es más". Minimalista, su ropa se caracterizaba por la simplicidad y el despojamiento. Eran célebres sus vestidos largos con forma y textura de *tee-shirt,* y la chaqueta estricta, con cinturón.

La apariencia austera se iluminó, en cambio, con toques de color, azul claro o dorado, alternados con tonos neutros. Otro de sus sellos fue la alianza de materias inesperadas, como la seda con el plástico. Lang era fiel a sus ideas de vanguardista e intelectual nacidas en Viena, en el grupo Wiener Moderne, y rehusaba toda espectacularidad en favor de la costura sin concesiones comerciales.

Algunos críticos opinaron que sus vestidos sólo eran simples en apariencia, pero que mezclaban sutilmente un toque punk disimulado, casi imperceptible, con destrezas dignas de la alta costura.

Helmut Lang, 2000.
La cartera incorporada

Martin Margiela

Desde que apareció el belga Martin
Margiela en la costura de fin de
siglo, se habla de moda *destroy* o
deconstruida. Su estética es
desafiante. En 1988 se instaló en
París, donde presentó una colección
en un lugar no convencional para el
lanzamiento de moda: el Café de la
Gare. Allí presentó la colección de
prêt-à-porter femenino de primavera
1989. En ella se observaban sus
señales inequívocas y
desconcertantes: costuras visibles,
dobladillos cortados sin terminar o
sin coser, y cintas en lugar de
botones.

Luego vinieron búsquedas inusuales
en la costura. Desafíos conceptuales
y definición de la desestructuración
de la moda.
En 1990, una colección mostró a las
modelos calzadas con zuecos
japoneses con tacos altísimos, que
éstas mojaban en pintura roja para
dejar las huellas impresas en una
alfombra de algodón níveo. Con esa
tela confeccionó al año siguiente
chalecos unidos por cinta *scotch*
marrón. Y luego se radicalizó
presentando sus desfiles en los
salones de un estacionamiento
abandonado. Allí presentó una
colección de pantalones de hombre
transformados en falda, con breteles
de metal, realizados por el artista
Guillaume Berard.

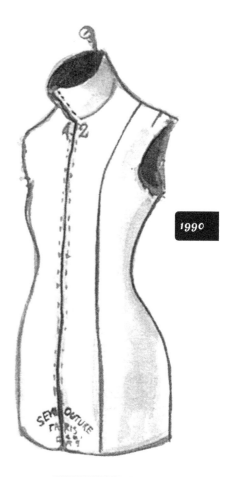

1990

Martin Margiela, 1997.
El saco maniquí de costura

143

Martin Mangiela,
2001.
Algodón blanco,
manchas rojas

Martin Mangiela,
1998.
Pan de jersey
impreso con una
foto de vestido de
lentejuelas. Tapado
atado a la cintura,
todo sobre sobre
jeans

Igual asombro despertaron los vestidos de baile, fechados en 1950, comprados en el *Marché aux Puces,* teñidos y recortados, que se llevaban sobre jeans usados. Margiela explicó que no destruía ropa, sino que la reconstruía para presentarla de otra forma. Igualmente célebre fue su pulóver armado con un conjunto logrado de medias zoquetes, rezagos del ejército, descosidas y luego vueltas a armar, en un molde, de manera tal que los talones quedasen en los hombros, y los codos marcaran los senos de la modelo. La misma tendencia siguió en 1992, cuando exhibió su ropa en la estación de metro Strasbourg-Saint Denis. Allí mostró vestidos confeccionados con varios *foulards* del mercado de pulgas, reciclados y reunidos para un vestido único. En otra colección presentó bolsas de plástico de embalaje, armadas con *scotch* transparente, para usar sobre vestidos de algodón.

En 1993, trabajó sobre el tema del blanco absoluto, y presentó la colección en un hospital. En 1994, presentó una retrospectiva de sus propias creaciones teñidas de gris, mientras que en el mismo año mostró otra colección que no tenía *mannequins*, sino solamente un filme explicativo de su ropa. Casi al terminar el siglo, Hermès incorporó a Margiela a su *staff* como directora de arte, para las colecciones clásicas de *prêt-à-porter*, sin ningún delirio extra. Quizá para seguir la filosofía de la firma, fundada en 1837, y que está basada en la innovación dentro de la continuidad de la tradición. La imágen sólida y estable de Hermès, además de ser un símbolo de estatus, puede permitirse cualquier cambio, siempre que sea controlado. En el caso de Margiela, parece haber resultado.

Hermès 2000.
Cachemira y seda para el pulóver, y enterito de cachemira

12. Vanguardias
Fin de siglo

La recesión mundial de comienzos de los noventa borró la ostentación y redujo el consumo de la década precedente. Como en los años sesenta, la ropa comenzó a reflejar un costado ecologista y espiritual. Muchos diseñadores enfocaron sus colecciones hacia culturas y subculturas, a través de toques étnicos ajenos a la usanza occidental. La consigna fue buscar la autenticidad y nuevas formas de consumo. Los noventa tomaron referencias eclécticas, y la vanguardia nació en los laboratorios de estilo, la moda experimental, o directamente en el vestir espontáneo de las tribus urbanas.

El estilo *hippie* renació como neo-hippie, el *B-boy*, entre los más jóvenes seguidores del rap, sin olvidar el *look surfer* urbano recreado por casi todos los modistos, incluso por Lagerfeld para Chanel. Vovió la inspiración *mod* en Paul Smith, y la corriente étnico-subcultural híbrida en Jean Paul Gaultier. Estas modas proliferaron junto al tatuaje y el *piercing*, en el cuerpo y la cara, como maquillaje esencial del cuerpo.

Hubo una sensibilidad especial ante los problemas del planeta, que se tradujo en una militancia contra los abrigos de piel verdadera, dando lugar a los de *fausse fourrure* y también a los sacos y tapados matelassé, que tuvieron un éxito absoluto en la moda masiva. Paralelamente, las inquietudes personales de seguridad se advirtieron en algunos accesorios inéditos hasta los noventa.

La sociedad italiana Superga creó vestimenta antibalas, equipada además con anteojos de visión nocturna infrarroja, y protección contra la lluvia ácida y la polución urbana.

En la primera mitad de los noventa, los progresos tecnológicos apoyaron lo que se denominó moda *cyber* y/o futurista. La vestimenta industrial estaba fabricada con materiales nuevos, como el neoprene, la fibra polar o las microfibras de alta performance. Por otra parte, el caucho, el PVC y el cuero fueron algunas de las texturas usadas por los diseñadores de vanguardia. Pero también se los pudo ver en algunos vestidos de alta costura y de *prêt-à-porter.*

2000

Thierry Mugler, 1996. "Bustier" gomado, pantalones y guantes en PVC.

Gaultier.
Haunte Conture

Issey Miyake, 1977.
Dos piezas de franela a cuadros

2000

En los noventa, la interpretación de tradiciones vestimentarias no occidentales fue proyectada de mil maneras. China y Japón inspiraron modelos de Valentino, Alexander Mc Queen y John Galliano. Versace adaptó el sari hindú, y Romeo Gigli rescató las fantasías orientales de los ballets rusos, de comienzos del siglo XX.

Por su parte, Issey Miyake trató de evitar la nostalgia, desarrollando colecciones que respetaban sus tradiciones, pero al mismo tiempo reformulándolas según una estética minimalista. Sus resultados fueron óptimos, ya que además creó ropa moderna y funcional, con una dosis de etnia.

Pluralismo y nostalgia

La moda del fin del siglo XX se caracterizó por el pluralismo y la nostalgia. A comienzos de los noventa, la ropa se inspiró en los sesenta y algo de los setenta. Pero hacia la mitad de la década muchos diseñadores retomaron algunos toques de la moda de los ochenta, notoriamente en hombros más anchos. Aún cuando la moda fuese pluralista, el corte, los colores y la ornamentación, sin olvidar las texturas en constante búsqueda tecnológica, fueron transmitidos por la prensa como un manual de tendencia predominantes.

En los años 1998-1999, tres eran las claves: cortes precisos y minimalistas; modernistas y esculturales, realizados en tonos neutros; y para desobedecer esta tendencia, estilos muy libres y coloridos, en materias fluidas y transparentes. Esas tres tendencias tuvieron en común el uso de texturas naturales, muy costosas y refinadas. El cuero y la gamuza de primera calidad *souple* y fina, la cachemira, las pieles verdaderas o falsas, la lana con procesos artesanales terminados a mano (lana hervida o cepillada), por ejemplo. La cachemira, por su parte, fue la elegida tanto para

Pablo&Delia, París 1978. Colección "Las chusmas" inspirada en España. Vestido de algodón con tres volados. Zapatos y aros de corazones

ropa interior de lujo, hecha por Donna Karan en los Estados Unidos, como para los largos abrigos de Michael Kors, hasta un mínimo *string*, alarde de desnudez, firmado por Ralph Lauren.

150

Marc Jacobs.
La moda tiene ciclos: en
el 2001, vuelta a los
setenta

Belgas en París

A comienzos de los noventa, un grupo de diseñadores belgas llegó a París, innovando la costura. El más famoso de ellos fue Martin Margiela, de quien se habla en páginas precedentes, debido a su fuerte personalidad. Pero también se destacó Ann Demeulemeester, quien en 1992 insistió con una paleta monocromática y vestidos flotantes logrados con excelentes géneros, muchas veces de texturas inéditas, que conferían una pátina antigua. Por su parte, Dirk Bikkembergs diseñó una colección unisex, en 1995, que reinstaló esa tendencia en *prêt-à-porter*. Dries van Noten, en cambio, impuso a sus colecciones el toque étnico-urbano con apelaciones a la ropa asiática en géneros casi transparentes, tomando la forma de vestir exótica del *shalwar kameez,* que consiste en llevar una falda sobre un pantalón, ambos confeccionados en telas ricas y livianas. La nueva camada de belgas incluye a Oliver Theyskens, Veronique Branquintro, A. F. Vandervorst y Walter Van Beirendock, un original diseñador que tiene su espacio donde se unen una galería de arte, lugar de juego, y donde vende, aparte de sus modelos, ropa de jóvenes diseñadores como

Bernard Willhelm, cuya nueva marca (antes era W&LT) se llama "Aesthetic Terrorists", y es una línea de camisetas estilo militar (en 2001).

Dries Van Noten, 1993. Encanto rústicos y mezcla de materias

La joven guardia

Los jóvenes creadores, distantes tanto de la alta costura tradicional como de los funcionarios de tendencias y de la moda industrial, son los que armaron la sólida fusión del arte y la moda. Sus creaciones están emparentadas al arte conceptual. La pasarela que los representa se ubica en museos o galerías, como una suerte de reflexión constante sobre el lenguaje siempre cambiante de ese arte aplicado que fue y es la moda. Mensajes independientes y caprichosos, arbitrarios, que nutren con su talento nuevos cambios e imágenes.

Al filo del siglo XXI, los jóvenes creadores emergieron de países diversos y recibieron una inspiración más certera proveniente de su fuerte individualidad.

2000

Nicolas Ghlesguiere para Balenciaga: Le Dix, 2001. Vestido de algodón rayado y cinturón de encaje desflecado

Alexander Mc Queen

A partir de la mitad de la última década del siglo XX, la alta costura volvió a París, gracias a la mejoría de la economía y a los funcionarios de tendencias, como Bernard Arnault, del grupo LVMH, que convocó a estilistas no conformistas para inyectar nuevas energías en el clasicismo que caracterizó durante años al sector.

En 1996, Galliano fue destinado a Givenchy y luego a Dior. En su lugar, Alexander Mc Queen se ocupó de Givenchy. En julio de 1997, Jean Paul Gaultier y Therry Mugler fueron admitidos en la "Chambre sindicale de la Couture Parisienne". Todos estos diseñadores dieron un nuevo soplo de creación sobre la profesión. Desde entonces han suguido nuevos y talentosos diseñadores hacedores de una nueva alta costura, que podríamos llamar simplemente costura. Mc Queen prepara cinco colecciones por año para Givenchy y para su propia etiqueta. Su éxito se debe a una técnica experta, unida a un gran sentido comercial.

Alexander Mac Queen, 2001-02.
Otra visión del vestido de volados español

Chalayan, Watanabe y otros

Hussein Chalayan, Junya Watanabe, Viktor and Rolf y Miguel Adrover son algunos de los nombres que más suenan entre los consagrados más jóvenes del fin de siglo. Para citar sólo algunos, a quienes los críticos consideran con mayor interés.

La creaciones de Chalayan hace dos temporadas fueron portada de la prensa internacional especializada, a raíz del escándalo suscitado por el cierre de su desfile con mujeres desnudas, adornadas con chador oriental. "Me importa más trabajar con el cuerpo, el espacio y la identidad cultural", dijo. Más allá de sus rarezas y experiencias filosóficas, Chalayan ya llegó a la calle a través de remeras con cartas meteorológicas, y vestidos tranquilos con costuras bordadas.

Watanabe, 2000

2000

Junya Watanabe, protegido de Rei Kawakubo, la creadora de "Comme des Garçons", logró imponer entre la moda de avanzada su singular estética, basada en vestidos casi de colegiala y ropa medical, alternando con otros modelos muy simples, a cuadros, con incrustaciones metálicas parecidas a los rayos de rueda de bicicleta y restos de joyas. Su paleta de colores de confite tiene huellas románticas.

Viktor and Rolf

Por su lado, Viktor and Rolf, dos holandeses provenientes de la vanguardia, se abstuvieron de la deconstrucción y se dejaron llevar por la tendencia contraria, sorprendiendo con trajes con cuellos de Pierrot y capas de cristal Swarovsky, en 1999.

Viktor and Rolf. Vestido con pollera campana rosa armada con *petticoats* de volados. Cintura con cascabeles de metal, que termina en dos campanas

Adrover

Igualmente interesante es el trabajo de Miguel Adrover, un español asentado en Nueva York, que recicla con talento. Su tributo al impermeable clásico de Burberry's es el más difundido. Le bastó reconstruir, del revés, el célebre piloto, dándole la forma de un vestido neto y clásico, respetando el espíritu original y colocando, literalmente, la etiqueta en la base del cuello, así como también las charreteras típicas y las mangas ranglan, obteniendo un efecto chic. Comenzó en Londres en los ochenta, donde ganó su vida limpiando hoteles. Ayudante en sus comienzos a tiempo parcial de Alexander Mc Queen, verlo trabajar le dio el coraje de lanzarse a la creación, llegado a Nueva York en 1991. Comenzó una pequeña línea para hombres y luego para mujeres, y consideraba que "si uno es creativo se pueden hacer bellas cosas sin dinero". En 1999 lanzó su primera colección, llamada "Manaus-Chiapas-New York", desfile teatral y manifiesto político.

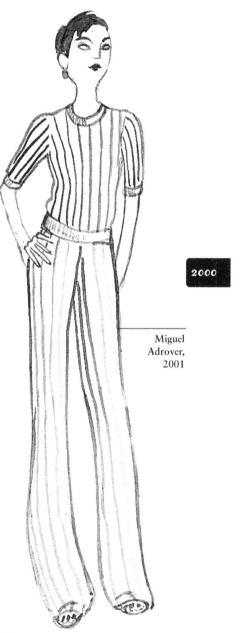

2000

Miguel
Adrover,
2001

157

Mundialización de tendencias

París, Milán, Nueva York y Londres siguen siendo las capitales mundiales de la moda, al promediar el fin de siglo, si bien la industria francesa no es la más dominante, al menos en cuanto a recursos humanos se refiere. Las grandes casas de costura incorporaron estilistas y diseñadores de todos los rincones del mundo, aun de los más insospechados.

Aunque la alta costura es, como en el siglo XIX, un referente cultural inmediato, las reglas del juego a la que está sometida reflejan vaivenes socioeconómicos y avances tecnológicos que nunca hubieran soñado Poiret, Fortuny o Vionnet, en los umbrales del siglo XX. De ninguna manera conocieron el vértigo y la velocidad que imponen la televisión e Internet, en lo que respecta a la transmisión de tendencias y cambios, veinticuatro horas al día.

J.P. Gaultier, 1998. Colección alta costura

Otros progresos revolucionarios en el campo de los textiles han condicionado el cambio constante de colores, texturas y formas, que enriquecieron las posibilidades de hacer moda. Por ejemplo, las materias híbridas livianas, combinadas con fibras naturales, o con vidrio, metal y dióxido de carbono. Hoy en día, las terminaciones de la ropa se hacen con laser, y los detalles de revestimiento, con estratificados holográficos. Asimismo, se utilizan fibras cerámicas que recogen la energía solar, pero también microfibras con cualidades antibacterianas que se autolimpian o emiten perfumes.

¿La moda pasó de moda?

Para casi todas las marcas de *creation* y los creadores que aparecieron a fines de siglo XX y comienzos del XXI, los factores financieros y de marketing aparecen como los más importantes, al contrario de los años setenta, cuando la *creation* era primordial y no interesaba cómo se mostraba sino lo que se mostraba. Desde que lo económico prima sobre el talento, muchos jóvenes diseñadores han visto restringidas sus posibilidades, y muchos, también, han desaparecido perdiendo hasta su nombre-marca. El negocio no sólo absorbió el campo expresivo de la moda, sino también licuó su estatus de arte donde lo habían ubicado diseñadores como Schiaparelli, Balenciaga, Alexander Mc Queen, Vivian Westwood…

Hay, sin embargo, una esperanza: que entre los vaivenes de las nuevas guerras, las luchas sociales, los problemas ecológicos, aparezca una nueva camada de creadores, salidos del arte, del diseño industrial, de las escuelas de moda. Acaso hijos de Margiela, Kawakubo, Victor and Rolf, encuentren una grieta para enfrentar la tiranía de los inversionistas.

Felisa Pinto

Es periodista especializada en arte, arquitectura, cultura, moda y vida cotidiana. Fue corresponsal de la Editorial Atlántida en París, editora de las revistas *Para Ti, Primera Plana,* del diario *La Opinión,* colaboradora permanente del diario *La Nación,* de las revistas *Claudia, Vogue* y *Dinners,* entre otras publicaciones. Se desempeñó como secretaria de redacción en la revista *Moda* y asesoró la carrera de Diseño textil e indumentaria, en la Facultad de Arquitectura de la Ciudad de Buenos Aires.

Delia Cancela

Forma parte de las vanguardias de los años sesenta del Instituto Di Tella, introduce el lenguaje de la moda en el arte. En 1967 viaja a París con el Premio Braque que le otorga el gobierno francés. De 1969 a 1999 reside en Nueva York, Londres y París. Actualmente alterna entre Buenos Aires y París. Artista plástica, diseñadora de modas, creadora de vestuarios para teatro y cine, ilustradora, docente, su trabajo ha sido objeto de diversas publicaciones en libros y prensa (*Arte Visual en el Instituto Di Tella, The Fashion Book, Dictionnaire de la moda au XXeme Siècle, Vogue, Le Monde, Elle...*). En 2001 recibe el Premio Directorio del Fondo Nacional de las Artes por su trayectoria artística, y la Galería inglesa Judith Clarke rinde homenaje a su trabajo junto con Pablo Mesejean en la muestra "Pablo and Delia, The London Years". Su trabajo se puede encontrar en las colecciones del Vand A Museum (Londres), el Museo Nacional de Bellas Artes (Buenos Aires), la Fundación Klemm y privadas.

Made in the USA
Coppell, TX
10 February 2024